MW01714597

L'artisanat avec du papier

L'artisanat avec du papier

PLUS DE 50 PROJETS À RÉALISER, DE LA FABRICATION DE PAPIER, CARTES ET EMBALLAGES-CADEAUX À L'ART DE PLIER, DÉCOUPER ET TRESSER LE PAPIER

LYNNE GARNER

Broquet

97-B, montée des Bouleaux,
Saint-Constant, Qc, Canada J5A 1A9,
Tél. : 450 638-3338 Téléc. : 450 638-4338
Internet : http ://www.broquet.qc.ca
Courriel : info@broquet.qc.ca

À Trudi

Catalogage avant publication de Bibliothèque et Archives Canada

Garner, Lynne

L'artisanat avec du papier

(Inspiration artistique)

Traduction de : The complete book of papercraft.
Comprend un index.

ISBN 978-2-89000-809-0

1. Papier, Travail du. 2. Papier à la main. 3. Art du papier. I. Titre.
II. Collection.

TT870.G3714 2007 745.54 C2006-941871-3

Pour l'aide à la réalisation de son programme éditorial, l'éditeur remercie :
le Gouvernement du Canada par l'entremise du Programme d'aide au développement de l'industrie de l'édition (PAIDÉ) ; la Société de développement des entreprises culturelles (SODEC) ; l'association pour l'exportation du livre canadien (AELC).
Le Gouvernement du Québec - Programme de crédit d'impôt pour l'édition de livres - Gestion SODEC.

Textes : Lynne Garner
Photographe : Shona Wood
Graphiste : Janet James

Dépôt légal - Bibliothèque nationale du Québec
1er trimestre 2007

Traductrice : Claude Cossette
Réviseures : Andrée Laprise, Monique Thouin

ISBN : 978-2-89000-809-0

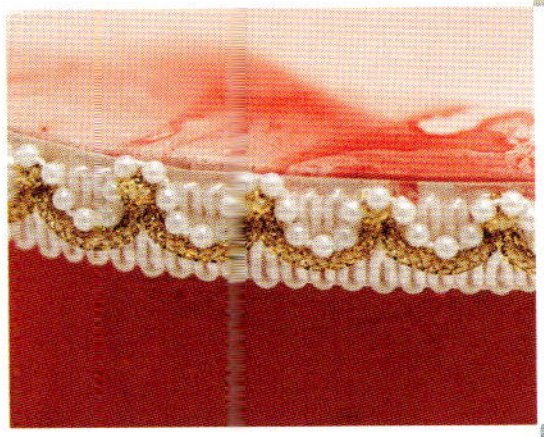

Table des matières

Introduction

De nos jours, nous tenons le papier pour acquis car il est partout autour de nous. Nous l'utilisons sous forme de journaux et de livres, nous en emballons nos cadeaux, nous en habillons nos murs, nous mangeons dans des assiettes de carton et – même dans cette ère du plastique – nous continuons à dresser sur papier la liste des nombreuses choses dont nous avons besoin quand vient le temps de faire les courses.

L'histoire du papier s'étend sur de nombreux siècles et continents. La première forme de papier a été inventée, il y a plus de 5 000 ans, sur les rives du Nil, en Égypte. C'est là qu'une plante locale appelée *cyperus papyrus* a été utilisée pour créer le « papyrus ». Pour le fabriquer, on faisait tremper la tige de la plante, on la coupait en lanières, on l'écrasait pour en faire de minces feuilles qu'on laissait sécher au soleil. Lorsque le papier était sec, on pouvait le rouler, le transporter facilement et, dans de bonnes conditions, il pouvait se conserver pendant des siècles.

La méthode de fabrication du papier utilisée aujourd'hui, cependant, est attribuée traditionnellement à un inventeur chinois, T'sai Lun, et remonte environ à l'an 105 apr. J.-C. On raconte qu'il aurait expérimenté plusieurs matériaux, y compris l'écorce, le chanvre et même des filets de pêche. Pour fabriquer son papier, T'sai Lun faisait tremper les fibres dans une grande cuve remplie d'eau. Il y plaçait ensuite un tamis qui capturait les fibres en une mince feuille lorsqu'on le soulevait. Cette nouvelle méthode allait changer à jamais la façon de fabriquer le papier.

La technique de fabrication du papier a mis longtemps à se répandre ; ce n'est qu'au moment où la Chine entre en guerre contre le monde islamique, au VIIIe siècle, que le papier voyage plus à l'ouest. Au cours d'une bataille, plusieurs fabricants de papier chinois sont capturés et leur technique adoptée. Le papier arrive enfin en Europe au XIIe siècle lorsque l'Espagne et le Portugal sont envahis par des Arabes de l'Afrique du Nord, qui apportent avec eux le secret de sa fabrication. Jusqu'à ce jour, le parchemin (fait de peau d'animal) avait été utilisé en Europe, mais c'était un moyen de communication coûteux. La technologie de l'impression s'étant développée pendant la Renaissance, on eut de plus en plus besoin de papier. Par la suite, on a découvert que les fibres des arbres étaient une source idéale et peu chère ; depuis, l'arbre demeure le matériau brut favori.

Aujourd'hui, on produit du papier pour répondre aux besoins particuliers de ses nombreux utilisateurs : l'aquarelliste qui veut peindre, le passionné du montage d'album-souvenir qui a besoin de papier sans acide, l'amateur de bobinage qui exige du papier gardant sa forme une fois tordu et — enfin et surtout — vous, l'artisan du papier qui souhaitez combiner papier et carton dans toute leur diversité pour réaliser des projets intéressants et originaux. Et c'est ici que ce livre trouve sa raison d'être. En vous offrant une grande variété de techniques d'artisanat, j'espère éveiller en vous l'inspiration pour vous lancer dans des créations amusantes et emballantes allant de la simple carte de souhaits et du papier d'emballage au cadre pour photo et à la boîte-cadeau. Je vous invite à feuilleter l'ouvrage et à découvrir les joies de cette matière polyvalente.

Lynne Garner

CHAPITRE **UN**

Du papier fait main

Fabriquer son propre papier n'est pas aussi difficile qu'on l'imagine et c'est même très amusant. Vous aurez ainsi toutes sortes de possibilités de recycler en créant des projets personnels à partir de « rebuts » comme du papier déchiqueté et des roses qui ont séché tout en conservant leur beauté. Divers mélanges de pulpes de papier vont donner différents papiers et même ceux qui ne produiront pas le résultat escompté auront leur propre charme !

Fabriquer une forme et une couverte

La forme et la couverte sont deux cadres rectangulaires de la même taille. La forme est munie d'un treillis métallique bien tendu, tandis que la couverte n'en a pas. On peut se procurer des formes et des couvertes en magasin, mais elles sont parfois chères. Pour réduire les coûts, fabriquez les vôtres en suivant les instructions ci-dessous.

MATÉRIEL

- tournevis
- 8 équerres en aluminium
- 2 cadres de bois
- 16 vis en cuivre (plus courtes que la hauteur du cadre)
- gants épais
- cisailles ou ciseaux robustes (pour couper le treillis)
- treillis en aluminium (disponible dans les commerces d'accessoires d'automobile)
- marteau
- clous en cuivre

1. Avec le tournevis et les vis en cuivre, fixez les équerres à chaque coin des deux cadres. Vous solidifierez ainsi les cadres, qui vont constamment entrer et sortir de l'eau.

2. Enfilez les gants pour vous protéger les mains et coupez le treillis de la même taille que le cadre. Avec le marteau, clouez le treillis en place à l'endos d'un des cadres. Ce sera votre forme.

3. Lorsque vous l'utilisez, placez le cadre vide (la couverte) sur celui qui a un treillis (la forme), de sorte que le treillis soit pris en sandwich entre les deux cadres.

La pâte à papier de base

Vous pouvez utiliser une grande variété de matériaux pour créer votre propre papier : du papier recyclé du bureau aux journaux en passant par le papier d'emballage, les dépliants publicitaires, les enveloppes et même les papiers-mouchoirs. Conservez votre pâte à papier dans un endroit frais et utilisez-la dans les jours qui suivent.

MATÉRIEL

- papier
- grand bol (pour le trempage)
- grande tasse
- mélangeur
- grand contenant

1. Déchirez le papier en petits morceaux d'environ 2,5 cm (1 po) ou 5 cm (2 po) carré.

2. Placez le papier dans le grand bol, puis couvrez d'eau bouillante en laissant un certain espace. Laissez tremper toute la nuit afin que les fibres se séparent.

3. Versez une tasse de papier trempé et trois tasses d'eau froide dans un mélangeur. Réglez le mélangeur à grande vitesse et liquéfiez pendant une minute ou jusqu'à ce que la pâte ait une consistance lisse et crémeuse.

4. Versez la pâte dans un grand contenant préparé à cet effet. Répétez ces opérations jusqu'à ce que vous ayez suffisamment de pâte pour réaliser votre projet.

TRUCS UTILES

- Si vous avez du papier épais qui ne se décomposera pas au trempage seulement, placez le mélange papier et eau dans une grande casserole inoxydable et faites mijoter sur la cuisinière pendant une demi-heure, éteignez le feu, puis laissez tremper pendant quatre heures.
- Changez la couleur de la pâte en mélangeant divers types de papier. Par exemple, du papier blanc uni peut être mélangé avec du papier d'emballage, afin d'obtenir un aspect plus naturel ou « ethnique ».
- Utilisez la pâte à papier dans les 48 heures, sinon elle peut tourner et commencer à dégager de mauvaises odeurs, surtout durant l'été.
- Quand le mélangeur fonctionne, écoutez le son du moteur ; éteignez-le s'il semble forcer.

Comment utiliser une forme et sa couverte

Avant d'entreprendre la fabrication d'une feuille de papier, préparez une « couche » pour l'étape 5 en étendant un linge de maison mouillé non pelucheux sur une planche. Le tissu doit être mouillé ; si vous placez la pâte trempée sur un linge sec, elle pourrait rétrécir ou s'étirer et changer ainsi de forme.

MATÉRIEL

- forme et couverte
- contenant en plastique profond et au fond plat (assez grand pour y déposer aisément la forme et la couverte)
- mélange de pâte à papier
- cuillère de bois
- 3 linges de maison non pelucheux
- planche débordant d'au moins 5 cm sur tous les côtés de la forme et de la couverte
- éponge
- corde à linge d'intérieur (pouvant être suspendue au-dessus de la baignoire par exemple)
- pinces à linge
- journaux

1. Posez la couverte sur la forme, côté treillis vers le haut. Remplissez le contenant de pâte à papier jusqu'à 8 cm (3 po) au plus du rebord, sinon le liquide pourrait vous éclabousser quand vous soulevez le moule.

2. Remuez la pâte vigoureusement avec la cuillère, puis plongez immédiatement le côté court du moule verticalement dans le contenant. Inclinez doucement le moule pour le mettre en position horizontale et maintenez-le à plat sous la pâte.

3. En maintenant toujours le moule à l'horizontale, ramenez-le à la surface et agitez-le doucement, d'un côté à l'autre et d'avant en arrière. Cela permettra à la pâte de s'étendre uniformément sur tout le moule.

4. Sortez le moule en le gardant bien droit et laissez la pâte s'égoutter dans le contenant. Placez le moule délicatement sur une surface plane et retirez la couverte. Assurez-vous qu'aucune goutte ne tombe sur la pâte car cela pourrait faire des trous dans le papier.

5. Lorsque le liquide s'est presque entièrement égoutté, retournez doucement la forme, papier vers le bas, et déposez-la à plat sur le linge mouillé. Épongez le papier à travers le treillis en absorbant autant d'eau que possible pour faire le vide entre la surface de travail, la pâte et le treillis. Soulevez les coins du linge de la surface de travail pour évacuer le vide et enlevez la forme avec précaution. Si le papier est toujours collé au treillis, épongez encore puis renversez de nouveau et retirez doucement le linge de la forme en soulevant un coin à la fois.

TRUCS UTILES

- **Pour accélérer le séchage, le papier peut être repassé jusqu'à ce qu'il soit sec. On aura ainsi l'avantage d'obtenir un papier légèrement plus mince que s'il avait été suspendu. Repassez le papier entre deux morceaux de coton fin afin qu'il ne colle pas à la base du fer.**
- **Pour fabriquer des feuilles de papier qui sont plus larges que votre couverte, étendez un grand morceau de tissu de coton fin. Puis, au lieu de suspendre le papier pour le faire sécher, placez chaque morceau sur le tissu de coton en laissant les bords se chevaucher légèrement. Pressez l'éponge sur la surface pour enlever tout surplus d'eau et laissez sécher.**

6. Soulevez le linge de maison humide avec le papier collé dessus et accrochez-le à la corde à linge intérieure. Déposez du papier journal sur le sol pour absorber les gouttes. Lorsque c'est presque sec, placez la feuille de papier entre deux linges de maison secs et sous une pile de livres épais afin qu'elle sèche à plat.

Ajouter des végétaux au papier fait main

On peut réaliser de magnifiques motifs en ajoutant des végétaux, comme des feuilles, des fleurs et des pétales, à la pâte à papier. Vous pouvez soit ajouter les feuilles et les pétales directement à une pâte très fine soit les laisser tomber dans la pâte tout de suite après avoir retiré le moule du contenant à l'étape 4 de « Comment utiliser une forme et sa couverte », page 15. Cette méthode vous permet de mieux contrôler la disposition des pétales que si vous les ajoutiez au liquide. Quelques végétaux pouvant être incorporés à la pâte :

- pétales de rose
- fleurs
- feuilles
- graminées

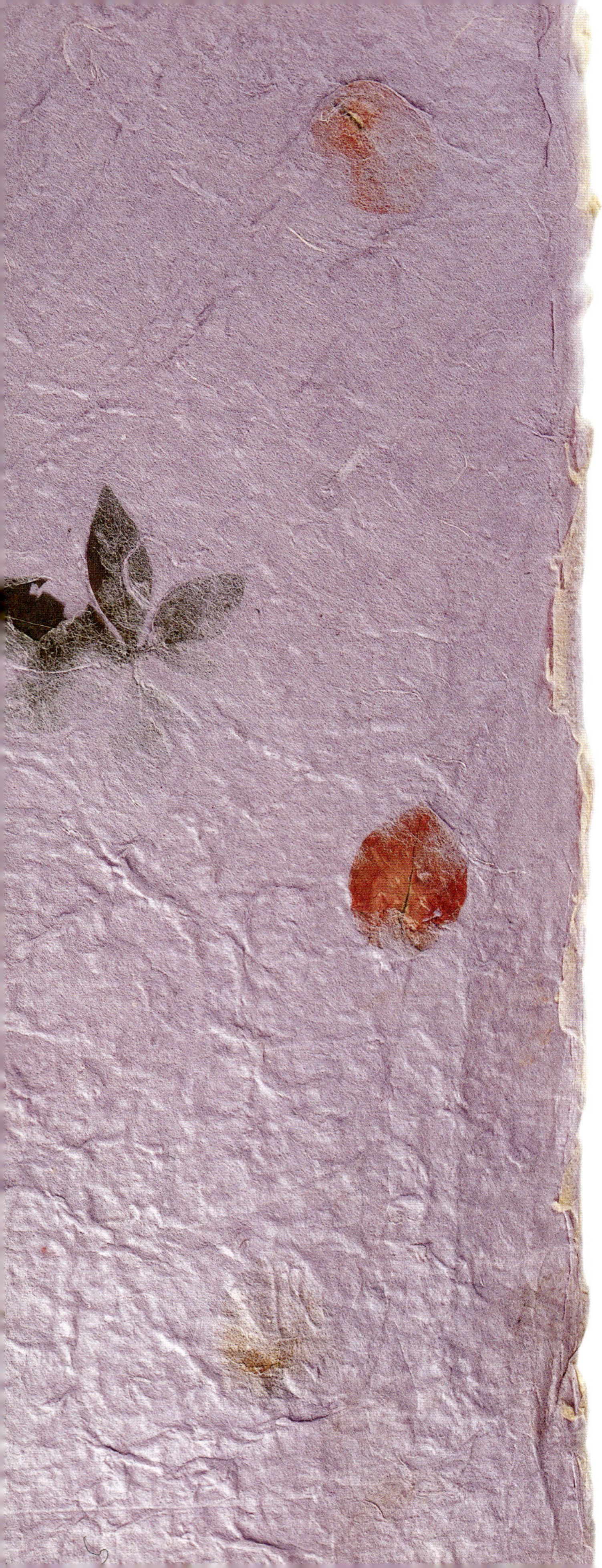

Ajouter de la couleur au papier fait main

Une autre façon de rendre attrayant du papier fait main consiste à ajouter de la couleur avec des ingrédients naturels, par exemple des légumes. Les pelures d'oignon vont teindre le papier en jaune alors que des morceaux de betterave lui donneront une teinte violet foncé. Coupez le légume de votre choix en petits morceaux et placez-les dans un robot culinaire avec la pâte à papier (voir l'étape 3 de la section « La pâte à papier de base », page 13). Prenez soin d'enfiler un tablier et de porter des gants de caoutchouc ou de latex afin de ne pas teindre vos mains !

Pour une variante simple mais superbe, fabriquez du papier avec des côtés de couleur différente. Préparez deux mélanges de pâte à papier de couleur différente dont un sera un peu plus épais que l'autre. Fabriquez une feuille de papier à partir de la pâte plus épaisse en suivant les étapes 1 à 5 de « Comment utiliser une forme et sa couverte », pages 14 et 15. Plongez ensuite la couverte dans le second contenant de pâte moins épaisse et répétez les opérations. À l'étape 5, placez la deuxième feuille au-dessus de la première et épongez-la avant de la suspendre. La deuxième feuille collera à la première et vous obtiendrez une feuille de papier aux côtés de couleur différente.

Gauche : Du jus de betterave ajouté à un papier à motif de feuille lui donne une superbe couleur violette.

Parfumer du papier fait main

Au cours du processus de fabrication du papier, on peut ajouter une odeur en utilisant des huiles essentielles. Autrement, on peut mettre des feuilles de papier de sa confection ou vendues en magasin dans un sac de plastique avec un sachet de pot-pourri et laisser de côté pendant deux ou trois semaines, le temps que le papier absorbe l'odeur. Essayez quelques-uns de ces papiers naturels :

- papier parfumé à la lavande
- papier parfumé au citron
- papier parfumé à la rose

Droite : Transformez une feuille de papier parfumé en enveloppe ; pour ce faire, dépliez-en une déjà toute faite pour en tracer le contour et obtenir un patron. Pliez le papier pour créer votre propre enveloppe parfumée.

Ci-dessous : Du papier parfumé fait main noué avec un ruban constitue un parfait cadeau de style rétro.

Ajouter un motif à du papier fait main

Toutes sortes d'articles en papier et de choses semblables peuvent être ajoutés à du papier fait main. Déchirez ou découpez les gros morceaux comme des emballages de bonbons – en petites lanières puis mélangez-en un peu à la pâte quand vous la versez dans le contenant à l'étape 1 et répandez-en d'autres directement sur la pâte après avoir retiré le moule du contenant à l'étape 4 de « Comment utiliser une forme et sa couverte », page 15.

Voici certaines choses que vous pouvez utiliser :

- étoiles dorées
- papier d'aluminium
- emballages de bonbons
- poudre scintillante métallique
- poudre scintillante colorée
- confettis
- papier d'emballage

La fabrication du papier mâché

S'il vous reste de la pâte, elle peut servir à faire du papier mâché. Le papier mâché est fantastique pour ajouter des ornements à vos créations ou pour donner de la texture à des surfaces unies, comme le cadre de photo ci-dessous.

MATÉRIEL

- cuillère de bois
- reste de pâte à papier
- tamis
- bol
- colle blanche pour artisanat non toxique
- gants de caoutchouc ou de latex

1. Avec la cuillère de bois, pressez le reste de la pâte à travers un tamis afin d'enlever le surplus d'eau. Jetez l'eau et déposez la pâte dans un bol propre. Ajoutez une goutte de colle à la pâte et mélangez bien avec la cuillère.

2. Enfilez les gants puis écrasez le mélange pour faire sortir l'eau qui reste et appliquez-le ensuite sur la surface que vous désirez décorer, par couches, jusqu'à l'obtention de l'effet désiré.

3. Laissez le papier mâché sécher toute la nuit avant de le peindre ou d'ajouter d'autres ornements de surface.

CHAPITRE **DEUX**

La décoration du papier

Cette partie du livre expose des idées amusantes pour décorer du papier et du carton faits main, ou achetés en magasin, que vous pouvez ensuite transformer en cartes de vœux, boîtes-cadeaux, papier d'emballage, etc. Aucune des techniques proposées n'est compliquée ni coûteuse, alors faites des expériences et amusez-vous !

Fabriquer et utiliser des tampons

Il existe toutes sortes de façons de confectionner des tampons, qui peuvent ensuite servir à décorer vos projets personnels. À l'école, beaucoup d'entre nous en avons fabriqué en sculptant des pommes de terre, mais peu penseraient utiliser des ingrédients aussi humbles, une fois devenus adultes ! Des légumes racines et certains fruits peuvent cependant servir à créer des motifs étonnants. Tenez-vous-en à une forme simple et graphique : par exemple, vous pouvez essayer un des modèles de cœur de la page 148.

MATÉRIEL

- papier blanc
- marqueur noir
- pomme de terre
- couteau tranchant
- essuie-tout
- ciseaux
- papier journal
- peinture
- vieille assiette

1. Avec le marqueur noir, dessinez le motif sur une feuille de papier de la même grandeur que la surface de la pomme de terre.

2. Coupez la pomme de terre en deux et épongez l'excès d'humidité à la surface avec un essuie-tout. Découpez le motif de papier avec les ciseaux et tracez-en le contour sur la pomme de terre.

3. Découpez soigneusement le contour de la forme avec un couteau tranchant en enlevant une tranche d'environ 5 mm ($1/4$ po) d'épaisseur.

4. Étendez le papier que vous désirez décorer sur une couche de journaux afin de protéger votre surface de travail. Versez un peu de peinture dans l'assiette et trempez-y le tampon de pomme de terre. Imprimez ensuite le motif sur le papier en appuyant sur la pomme de terre. Lorsque vous êtes satisfait du motif, laissez sécher.

TRUC UTILE

- **On peut utiliser d'autres fruits et légumes. Par exemple, une pomme coupée en deux au centre vous donne un cercle avec une petite étoile (là où se trouvent les pépins) et un poivron coupé en deux fait un joli motif de la forme d'une tulipe.**

D'autres idées d'impression

Une variété de surfaces dures peuvent être utilisées pour faire des impressions, comme des tuiles de linoléum et des gommes à effacer. Dessinez un motif simple sur la surface de la gomme à effacer puis enlevez le contour avec un couteau à linoléum à une profondeur d'environ 5 mm (¼ po). On peut aussi sculpter des lignes dans la surface, mais ne les faites pas trop profondes car elles se rempliraient de peinture. Si vous utilisez une tuile de linoléum (illustré ci-dessous), collez-la sur plusieurs carrés de carton épais afin de la manipuler aisément.

Pour confectionner un tampon qui produit une image moins nette, recyclez un vieux tapis de souris. Ces tapis peuvent être découpés et assemblés comme dans la version linoléum, mais utilisez un couteau d'artiste au lieu d'un couteau à linoléum. Imbibez vos nouveaux « tampons » d'encre et commencez vos projets d'impression !

CONSEIL DE SÉCURITÉ

- Coupez toujours en éloignant le couteau de vous et en vous assurant que vos mains sont bien à l'abri de la lame.

La fabrication d'un pochoir

La technique du pochoir est simple et nécessite peu d'outils. On peut utiliser les pochoirs pour réaliser des décorations sur une surface ainsi que pour créer des motifs en relief ; vous obtenez ainsi deux effets pour le prix d'un. Vous trouverez des idées pour vos motifs de pochoir un peu partout ; inspirez-vous des objets graphiques fournis par les logiciels, de livres d'art, des emballages d'aliments spéciaux, comme les boîtes pour œufs de Pâques, de motifs de tapis ou de papier peint et des tampons en caoutchouc qu'on trouve en magasin.

MATÉRIEL

- motif à copier
- papier calque
- crayon
- tapis de coupe
- transparent pour pochoir
- ruban-cache
- couteau d'artiste

1. Placez le motif de votre choix sous le papier calque et tracez le dessin avec le crayon en n'oubliant pas les « ponts ». Les ponts sont les bandes étroites d'environ 3 mm (1/8 po) d'épaisseur qui découpent l'image en sections plus petites et vous permettent de créer des lignes à l'intérieur du motif.

2. Placez le motif tracé sur le tapis de coupe et déposez-y le transparent. Fixez-le avec le ruban-cache. Découpez minutieusement chaque partie sans couper les ponts.

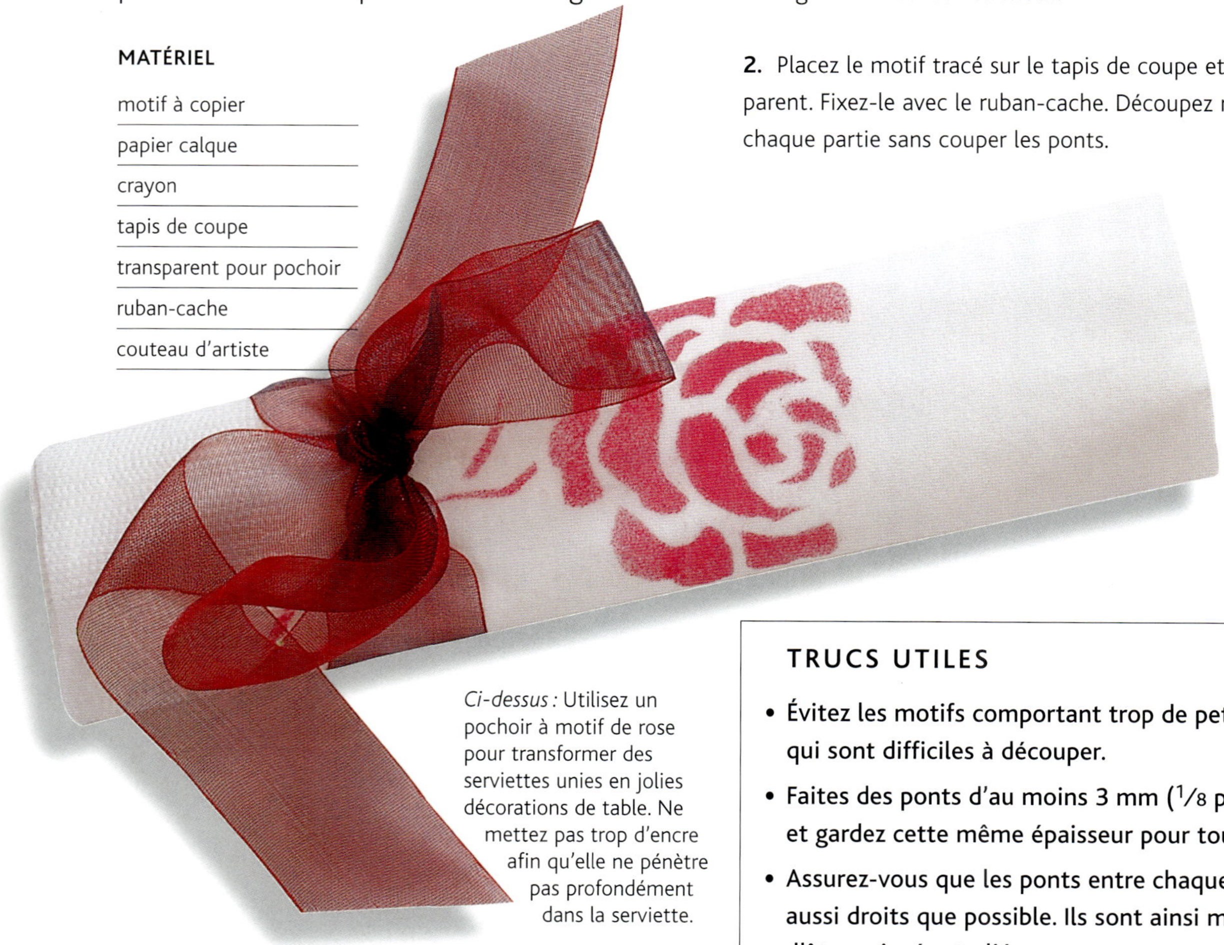

Ci-dessus : Utilisez un pochoir à motif de rose pour transformer des serviettes unies en jolies décorations de table. Ne mettez pas trop d'encre afin qu'elle ne pénètre pas profondément dans la serviette.

TRUCS UTILES

- **Évitez les motifs comportant trop de petites formes, qui sont difficiles à découper.**
- **Faites des ponts d'au moins 3 mm (1/8 po) d'épaisseur et gardez cette même épaisseur pour tout le motif.**
- **Assurez-vous que les ponts entre chaque section sont aussi droits que possible. Ils sont ainsi moins susceptibles d'être coincés et pliés.**

Ci-dessous : Décorez un livre ou un album-souvenir de bébé avec d'adorables empreintes de pied ! Laissez la surface inégale pour un effet plus naturel.

Utiliser un pochoir pour ajouter de la couleur

Lorsque vous avez créé votre pochoir, deux techniques décoratives s'offrent à vous. La première est l'ajout de couleur et la seconde, le gaufrage.

MATÉRIEL

- ruban-cache
- pochoir
- papier ou carton à décorer
- petite éponge (les éponges cosmétiques sont idéales)
- tampons encreurs de couleur

1. Prenez de petites bandes de ruban-cache pour fixer le pochoir sur le papier ou le carton que vous désirez décorer. Tapotez l'éponge sur la surface du tampon encreur puis transférez de l'encre sur le papier ou le carton à travers le pochoir. Utilisez l'encre avec parcimonie afin qu'elle ne coule pas sous le pochoir.

2. Lorsque le motif vous satisfait, retirez délicatement le ruban-cache et enlevez le pochoir.

TRUCS UTILES

- Afin d'apprivoiser cette technique, exercez-vous d'abord sur du papier brouillon.
- Il n'est pas nécessaire de créer un bloc de couleur solide et quelquefois il est plus intéressant de ne pas colorer le centre du pochoir.
- Expérimentez diverses couleurs, faites-les s'amalgamer en appliquant une couleur sur une autre en commençant par les plus pâles.
- Essayez les dégradés : placez des couleurs semblables côte à côte en les chevauchant légèrement.
- Si vous créez un motif en couches, commencez par le haut puis descendez afin de ne pas étaler l'encre.
- Lorsque vous travaillez sur une image à deux couleurs, comme une rose avec des feuilles, couvrez la partie du pochoir que vous n'utilisez pas afin d'éviter d'y appliquer la mauvaise couleur.
- Gardez des débarbouillettes pour bébé à portée de la main pour nettoyer votre pochoir lorsque vous changez de couleur.

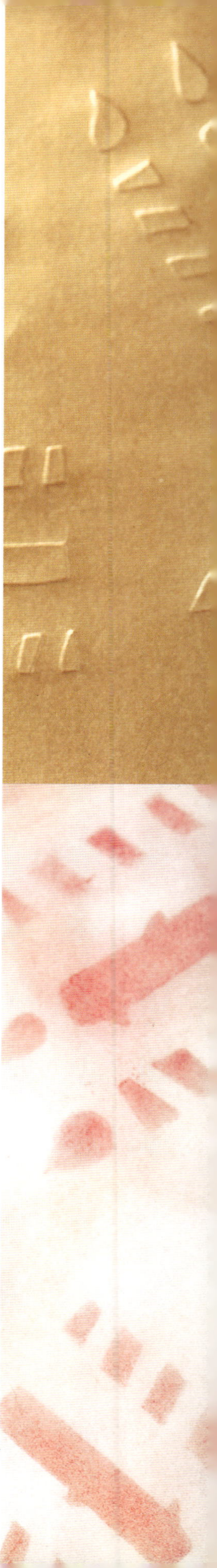

Droite : Ces exemples de « Célébrations » (page 86) montrent les divers effets produits par le gaufrage *(ci-dessus)* et l'ajout de couleur avec des craies *(ci-dessous)*.

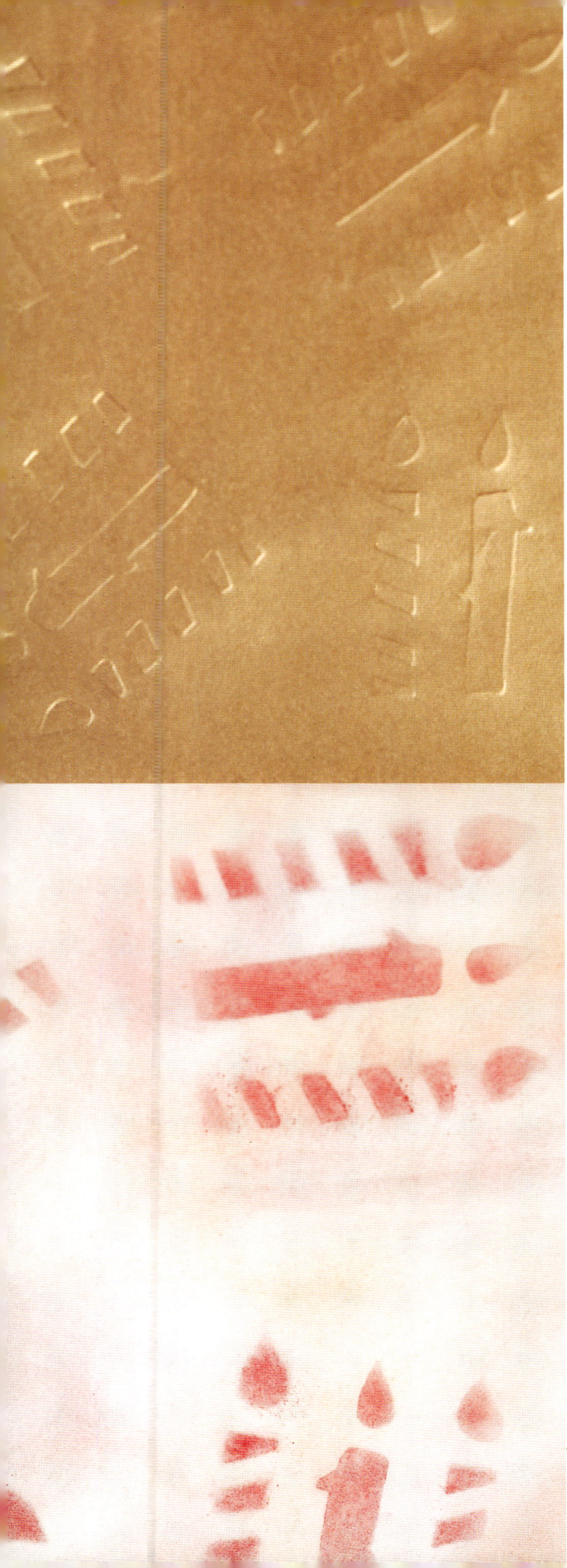

Utiliser un pochoir pour le gaufrage

Pour appliquer la technique du gaufrage à un motif sans utiliser de table lumineuse, fixez votre papier à une fenêtre fermée. La lumière du jour vous aidera à voir le pochoir dessous.

MATÉRIEL

- pochoir
- table lumineuse (optionnel)
- ruban-cache
- carton mince
- outil à gaufrage

1. Placez le pochoir sur une table lumineuse ou à un carreau de fenêtre et fixez-le avec du ruban.

2. Déposez le carton sur le pochoir et maintenez-le en place avec du ruban.

3. Tracez le contour du motif avec l'outil à gaufrage en appliquant la même pression que si vous écriviez. Si vous appuyez trop fort, l'outil déchirera le papier et, si vous pressez trop légèrement, il ne renfoncera pas le papier suffisamment pour créer l'effet recherché.

TRUCS UTILES

- Si l'outil à gaufrage colle lorsque vous tracez le pochoir, frottez-en l'extrémité sur une feuille de papier ciré.
- Investissez dans un ensemble d'outils à gaufrage avec des pointes de tailles diverses afin de pouvoir choisir l'outil qui convient au papier sur lequel vous travaillez. Par exemple, un outil à pointe large, qui est plus doux pour les fibres du papier, conviendra mieux à du papier fragile.
- Lorsque vous repoussez des mots, n'oubliez pas de les disposer à l'envers, sinon le texte se lira de droite à gauche quand vous retournerez le papier.

La marbrure

La technique de la marbrure est très amusante parce que les résultats sont complètement imprévisibles ! Les outils sont relativement bon marché. Pour de meilleurs résultats, utilisez la peinture spécialement conçue pour la marbrure, à base d'huile, et limitez-vous à deux ou trois couleurs. On obtient généralement les effets les plus saisissants avec un nombre restreint de couleurs. Avant de commencer, étalez une couche de papier journal sur laquelle vous ferez sécher le papier marbré à l'étape 4.

Ci-dessus : Pour embellir des crayons avec des retailles de papier marbré, découpez le papier de la longueur désirée et fixez-le aux crayons avec de la colle pour artisanat.

MATÉRIEL

- grand contenant à fond plat
- pinceaux ou pipettes
- peinture pour marbrure
- cuillère ou bâton
- papier à marbrer
- journaux

TRUCS UTILES

- Portez des gants de caoutchouc, à moins que vous désiriez avoir des doigts marbrés !
- Lisez les instructions sur les pots de peinture : certaines nécessitent l'ajout d'un adoucisseur d'eau avant d'effectuer la marbrure.
- Pour créer un motif de plume, laissez couler la couleur goutte à goutte d'un bord à l'autre du bol, en allant et venant sur la surface. Puis, faites glisser un peigne à grosses dents à travers les lignes de couleur.

1. Remplissez le contenant d'environ 2,5 cm (1 po) d'eau froide. À l'aide d'un pinceau ou d'une pipette, laissez tomber un peu de peinture dans le contenant afin qu'elle se répande sur la surface de l'eau. Ajoutez une seconde ou une troisième couleur en laissant les motifs se dessiner.

2. Si la couleur reste concentrée en une tache sur la surface, soufflez doucement jusqu'à ce qu'elle se défasse et que la peinture se répande ou utilisez une cuillère ou un bâton pour faire tourbillonner la peinture.

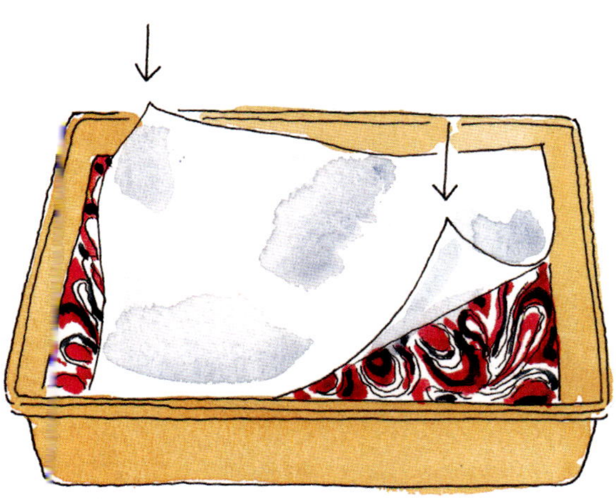

3. Lorsqu'un motif que vous aimez apparaît, déposez le papier sur la surface de l'eau en le tenant aux deux coins opposés et abaissez le centre en premier.

4. Le pigment adhérera au papier. Soulevez doucement le papier pour le décoller de la surface et placez-le, côté peint vers le haut, sur une couche de papier journal pour le faire sécher.

La technique à l'éponge

On se sert souvent de la technique à l'éponge pour décorer les murs, mais elle peut aussi être utile lorsqu'on désire créer un fond de papier. Tout ce dont vous avez besoin est d'une éponge naturelle, d'un peu de peinture et d'une assiette jetable. Versez la peinture dans l'assiette, trempez-y l'éponge, puis enlevez l'excès en tamponnant les côtés de l'assiette ou un morceau de papier brouillon. Tamponnez la peinture sur le papier ou le carton que vous désirez décorer en tournant l'éponge entre chaque coup et en procédant de façon irrégulière afin de ne pas créer de motif. Si vous désirez utiliser deux nuances ou plus, laissez la première couleur sécher avant d'appliquer la deuxième par-dessus.

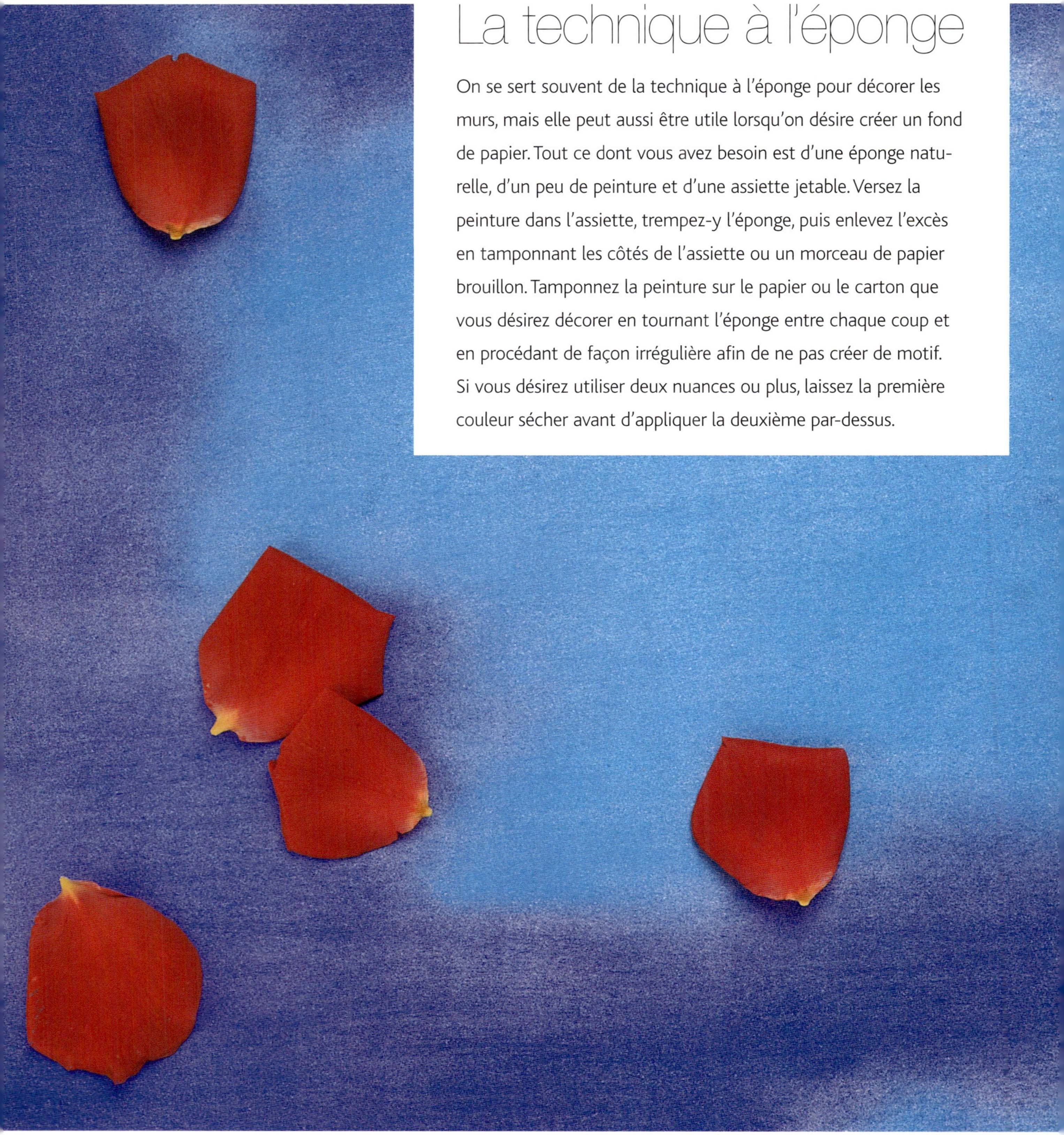

L'éclaboussage

L'éclaboussage est une façon simple et rapide d'obtenir des résultats intéressants sur des papiers qui, une fois mouchetés, pourront avoir de multiples usages. Avant de commencer, enfilez un tablier et protégez le plan de travail avec une grande couche de papier journal parce que la peinture éclaboussera tout. Gardez du papier journal pour faire sécher le produit final à l'étape 3.

MATÉRIEL

- papier journal
- gouache, encre ou aquarelle
- assiette ou bol peu profond, jetable
- pinceau à poil dur
- gants de caoutchouc ou de latex
- papier à décorer

1. Couvrez votre plan de travail de papier journal puis versez un peu de peinture ou d'encre dans l'assiette ou le bol; ajoutez un peu d'eau au besoin. La peinture ne doit pas être trop épaisse sinon elle ne fera pas d'éclaboussures; si elle est trop claire, elle coulera. Trempez le bout des poils du pinceau dans la peinture.

2. Enfilez les gants puis faites tomber la peinture sur la surface du papier jusqu'à ce que la couche soit aussi épaisse ou mince que désiré.

3. Si vous utilisez plus d'une couleur, nettoyez le pinceau à l'eau et répétez l'étape 2. Lorsque le motif vous plaît, déposez le papier sur les journaux pour le faire sécher.

TRUCS UTILES

- Exercez-vous à faire des éclaboussures sur du papier brouillon avant de commencer, afin de vous assurer que la peinture a la bonne consistance.
- En utilisant votre pouce pour faire tomber la peinture, vous obtiendrez un nuage de gouttelettes.

Utilisation du papier moucheté

L'éclaboussage constitue une bonne méthode si vous désirez couvrir une grande feuille de papier, comme celle utilisée ici pour égayer un cahier tout simple.

MATÉRIEL

- livre à couvrir
- papier moucheté
- crayon
- règle
- couteau d'artiste
- tapis de coupe
- ruban à double face adhésive
- ciseaux
- cuillère à thé

1. Ouvrez le livre et placez-le, face imprimée au-dessous, sur l'envers du papier moucheté. Découpez le contour du livre en laissant une marge d'environ 2,5 cm (1 po).

2. Retournez le livre ouvert et déposez-le — page de couverture au-dessous — sur l'envers du papier. Rabattez le papier sur les deux coins de la couverture du livre et fixez-le avec le ruban. Rabattez ensuite le papier sur les côtés extérieurs et fixez-le de la même manière. Maintenez le livre ouvert à 90 degrés (pour tenir compte du dos) et fixez le papier sur le couvert arrière de la même manière.

3. Si le livre a une couverture rigide, fermez-le et faites une petite entaille des deux côtés du dos, au haut et au bas du livre. Glissez les bouts de papier dans le dos avec l'envers d'une cuillère à thé. Repliez les rebords supérieur et inférieur du papier moucheté et fixez-les avec du ruban. Si le livre est broché, coupez le haut et le bas du papier moucheté au ras des rebords.

CHAPITRE **TROIS**

Papier à lettres et emballage-cadeau

Dans cette partie, vous découvrirez comment transformer du papier fait main et décoré en boîtes, étiquettes et emballages-cadeaux qui conviendront à divers événements, des mariages aux fêtes d'anniversaire. Vous trouverez aussi des idées de simples marque-places qui ajouteront une touche d'élégance aux repas en famille.

Boîte musicale

Avec un peu de pliage et de découpage, un carré de papier peut se métamorphoser en une boîte idéale pour de petits cadeaux comme des boucles d'oreilles ou des boutons de manchette. Les lignes de pliure sont indiquées sur le patron. Vous pouvez l'utiliser pour transformer une variété de papiers en boîtes très personnelles. Nous avons choisi une partition, mais vous pouvez utiliser de vieilles cartes, des pages de magazine ou du papier pour album-souvenir.

MATÉRIEL

- patron de la page 138
- couteau d'artiste
- tapis de coupe
- règle
- crayon
- 2 pages de partition de 30 x 21 cm (12 x 8 1/4 po)

1 Découpez le papier en deux carrés dont l'un aura 2 mm (1/16 po) de moins que l'autre. (Le plus grand morceau deviendra le couvercle.) Prenez le plus petit des deux carrés de papier puis — sur l'envers — trouvez le centre en dessinant deux lignes diagonales qui traversent le milieu et marquez ce point avec le crayon.

2 Repliez les quatre coins vers le centre puis ouvrez-les à nouveau (pli 1 du patron).

3 Repliez tous les coins sur la ligne 1, puis dépliez-les pour obtenir le pli 2 du patron.

4 Repliez le premier coin sur le pli 1, du côté opposé, puis dépliez. Répétez avec les trois autres coins afin d'obtenir les plis 4.

5 En suivant la photo, découpez le long d'un des plis 3 jusqu'à l'endroit où il rencontre le prochain pli 3.

6 Faites pivoter le papier de 90 degrés et répétez trois fois. Vous obtiendrez les quatre coupes, tel qu'illustré ci-dessus.

7 Repliez un coin vers l'intérieur deux fois en suivant les plis faits aux étapes 2, 3 et 4. Faites pivoter de 90 degrés et répétez l'opération.

8 Soulevez chaque section pliée et rabattez le bout pointu sous son voisin. Puis repliez la deuxième section. Cela maintiendra les extrémités en place.

9 Répétez l'opération jusqu'à ce que vous ayez fait le tour de la boîte. Ensuite, répétez les étapes 1 à 9 pour confectionner le couvercle de la boîte.

En utilisant du papier pour album-souvenir comme celui de la photo, vous pouvez créer un vaste assortiment de boîtes aux couleurs et thèmes variés. Enrubannez votre boîte pour ajouter une touche de luxe.

V A R I A N T E

Du fond du cœur

Pour créer des boîtes vraiment personnelles, pourquoi ne pas utiliser votre propre papier marbré ? La marbrure est rapide et facile (voir pages 30 et 31). Vous pouvez confectionner et décorer autant de ces jolies boîtes que vous le désirez ; elles seront toutes uniques car il n'y a pas deux feuilles de papier marbré identiques.

MATÉRIEL

- boîte en forme de cœur vendue en magasin
- feuille 30 x 21 cm (12 x 8 1/4 po) de papier marbré
- crayon
- règle
- ciseaux
- bâton de colle
- ruban décoratif autocollant

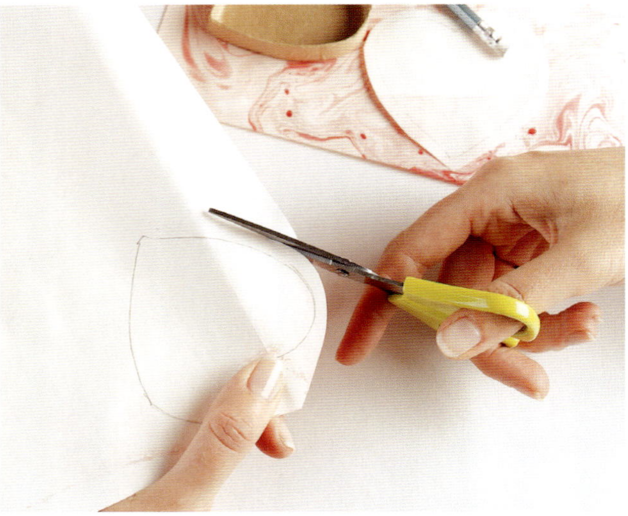

1 Tracez le contour du couvercle de la boîte sur l'envers du papier marbré avec le crayon, puis découpez un cœur plus grand d'environ 12 mm (1/2 po) sur tous ses côtés que le patron que vous avez tracé. Découpez une longue bande de papier marbré plus large et plus longue que le côté du couvercle d'environ 12 mm (1/2 po). Découpez de la même manière un deuxième cœur et une autre bande pour la base de la boîte.

2 Encollez le dessus du couvercle et placez-le au milieu du papier marbré, sur l'envers. Faites de petites entailles jusqu'au rebord extérieur du couvercle dans la bordure de papier qui dépasse de 12 mm (1/2 po).

3 Encollez le rebord du couvercle puis repliez délicatement le papier entaillé pour le coller.

4 Encollez le rebord du couvercle (qui est maintenant recouvert en partie de papier) et placez la bande de papier de façon que son bord soit de niveau avec le dessus du couvercle. Appuyez tout autour pour la coller en faisant chevaucher légèrement les extrémités.

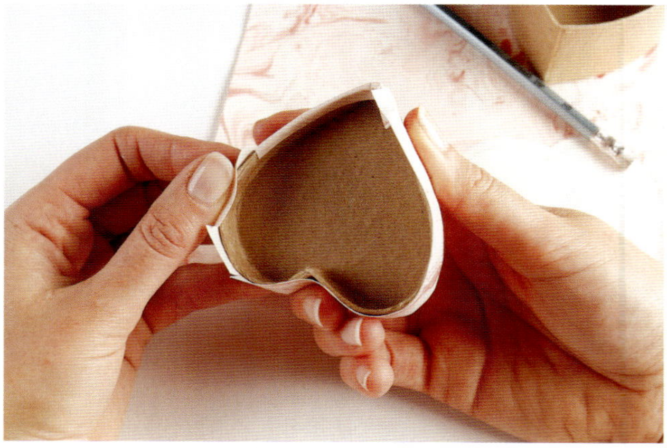

5 Encollez le rebord intérieur du couvercle puis faites des entailles dans la bordure de papier de 12 mm (1/2 po) et repliez-la pour la coller. Répétez les étapes 2 à 5 pour décorer la base.

6 Pour donner une touche finale, ornez le rebord du couvercle d'une garniture autoadhésive.

Il n'y a aucune raison pour que les papiers recouvrant le couvercle et la base de la boîte soient les mêmes, alors pourquoi ne pas agencer papiers unis et imprimés pour réaliser une série de boîtes coordonnées ? Ici, une base rouge foncé rehausse le couvercle délicatement marbré de rose et de blanc et une garniture dorée garnie de perles confère au tout un petit air ancien.

VARIANTE

Le grand jour

Vous désirez personnaliser un cadeau de mariage ? Cessez de chercher ! Ce motif pour étiquette cadeau et papier assorti vous permet d'agencer votre papier d'emballage aux nuances choisies par les mariés pour le grand jour. Nous avons aussi conçu les boîtes à la page 50 dans les mêmes couleurs pour créer un ensemble coordonné d'emballage pour cadeau de mariage.

MATÉRIEL

- encre transparente à gaufrer
- tampon de caoutchouc
- feuille 21 x 15 cm ($8^{1}/_{4}$ x 6 po) de papier blanc
- pistolet thermique à gaufrer
- craies violette, lilas et rose pour l'artisanat
- boules de coton
- crayon
- règle
- feuille 21 x 15 cm ($8^{1}/_{4}$ x 6 po) de carton violet
- feuille 21 x 15 cm ($8^{1}/_{4}$ x 6 po) de carton scintillant violet
- onduleur de papier
- ciseaux à denteler
- ruban à double face adhésive

1 Imbibez le tampon d'encre transparente à gaufrer puis imprimez l'image sur la feuille de papier blanc.

2 Avec le pistolet thermique à gaufrer, fixez l'encre afin que l'image ne s'étale pas au cours de l'étape suivante.

3 Mettez un peu de craie sur la ouate et frottez l'image dans un mouvement circulaire régulier. Répétez l'opération avec la deuxième et la troisième nuances.

4 Avec le crayon, tracez d'un trait léger un rectangle autour de l'image en craie puis utilisez la règle pour déchirer le papier au format désiré.

5 Découpez un morceau de carton violet un peu plus grand que l'image imprimée. Découpez un morceau de carton scintillant encore un peu plus grand. Passez le premier morceau de carton dans l'onduleur de papier.

TRUC UTILE

- Pour que la craie reste fixée au papier, vaporisez un peu de fixatif dessus.

6 Prenez le carton scintillant et enjolivez-en les bords en les coupant avec les ciseaux à denteler.

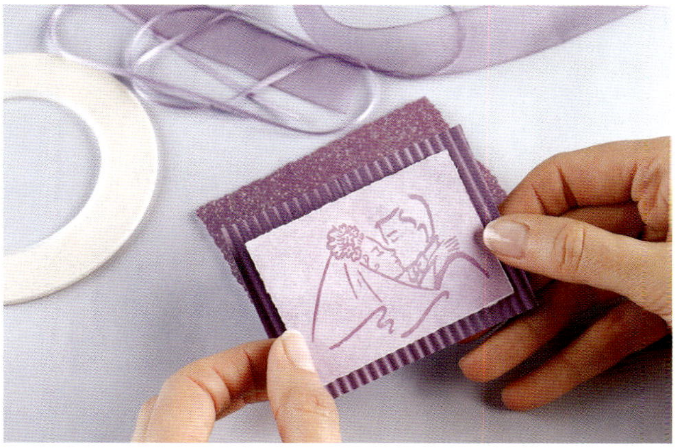

7 À l'aide du ruban à double face, fixez l'image au centre du carton ondulé.

8 Utilisez du ruban à double face le long du côté gauche de la carte décorée pour la fixer au carton scintillant. Inscrivez votre message sur un morceau de papier blanc et placez-le entre les deux couches. Si vous le désirez, ornez l'étiquette en y nouant un bout de ruban.

Pour fabriquer du papier d'emballage assorti, imprimez de façon irrégulière un grand morceau de papier blanc de qualité et ajoutez-y de la craie en suivant les étapes 1 à 4.

V A R I A N T E

Boîtes pour cadeau de mariage

Ces magnifiques petites boîtes sont idéales pour présenter de petits cadeaux de mariage, contenir des confettis ou comme cadeaux souvenirs sur les tables de réception du mariage. Avec le patron présenté à la fin du livre, vous pourrez réaliser deux boîtes à partir d'un morceau de carton mesurant 42 x 30 cm (16 1/2 x 12 po).

MATÉRIEL

- patron de la page 139
- couteau d'artiste
- tapis de coupe
- règle
- crayon
- feuille 30 x 21 cm (12 x 8 1/4 po) de carton scintillant violet
- outil à gaufrage
- feuille 21 x 15 cm (8 1/4 x 6 po) de carton scintillant argent
- perforatrice décorative
- ruban (assez étroit pour s'ajuster au rebord dentelé)
- ruban adhésif
- ruban à double face adhésive

1 Photocopiez le patron de la boîte-cadeau et transférez-le sur l'envers du carton scintillant violet. Découpez le carton puis marquez les lignes de pliure avec l'outil à gaufrage.

TRUC UTILE

- **Ces boîtes peuvent aussi servir de marque-place lors d'un souper régulier ; vous n'avez qu'à y inscrire les noms de vos invités.**

2 Reportez le patron du dessus de la boîte sur le carton scintillant argent et découpez. Perforez le long rebord droit du carton avec la perforatrice décorative.

3 Passez le ruban entre les motifs faits à la perforatrice. Pour obtenir une belle finition, repliez les bouts du ruban sur l'endos du carton et collez-les avec du ruban adhésif.

4 Repliez le long des lignes marquées au bas de la boîte, puis dépliez. Collez le morceau de carton scintillant argent sur la boîte en faisant correspondre le rebord incurvé avec les plis que vous venez de faire au bas de la boîte.

5 Pour compléter la boîte, collez un morceau de ruban à double face le long d'une arête longue et repliez les côtés pour les assembler. En utilisant les plis faits à l'étape 4, repliez la base de la boîte. Insérez votre cadeau et rabattez le dessus pour fermer la boîte.

Transformez des retailles de carton en étiquettes assorties pour vos cadeaux de mariage. Utilisez la perforatrice décorative et passez un bout de ruban en vous servant de la technique décrite aux étapes 2 et 3, page ci-contre.

V A R I A N T E

Joyeuse Halloween

Pour remercier vos invités d'avoir contribué au succès de votre fête d'Halloween, pourquoi ne pas leur offrir un cadeau de remerciement caché dans des sacs amusants créés pour l'occasion ? L'idée peut être adaptée à tout événement, autant pour les adultes que pour les enfants. Pour une méthode légèrement différente de confection de sacs de fête, consultez la section « La vie en rose », page 58.

MATÉRIEL

- patron de la page 140
- feuille 30 x 21 cm (12 x 8 1/4 po) de papier marbré
- ciseaux
- tampon en caoutchouc
- tapon encreur noir
- outil à gaufrage
- crayon
- règle
- poinçon
- ruban à double face adhésive
- ruban décoratif

1 Copiez le patron sur l'envers du papier marbré puis découpez. Afin de replier plus facilement les languettes, faites-leur ce petites encoches des deux côtés des lignes de coupe.

2 Retournez le papier et imprimez le motif de votre choix, de façon irrégulière, sur la surface marbrée. Laissez l'encre sécher.

3 Sur l'envers du papier, marquez les lignes de pliure avec l'outil à gaufrage. Formez le sac en suivant les plis, puis dépliez-le à nouveau.

4 Repliez les languettes supérieures, puis faites une marque au crayon 12 mm (1/2 po) au-dessous et 2,5 cm (1 po) vers l'intérieur de chaque côté du rebord supérieur, tel qu'indiqué sur le patron. Perforez quatre trous pour le ruban aux endroits marqués.

5 Mettez le papier à l'endroit et marquez les deux plis latéraux désignés par des tirets et des points sur le patron.

6 Avec le ruban à double face adhésive, collez les languettes latérales et inférieures pour former le sac.

7 Passez le ruban à travers les quatre trous perforés à l'étape 4 et nouez-le. Le sac est prêt.

Changez la nuance du papier marbré et le motif du tampon pour créer des sacs-cadeaux adaptés au thème de votre réception. Refermez bien le sac en nouant la boucle.

V A R I A N T E

La vie en rose

Ce superbe sac-cadeau se fabrique rapidement et facilement et la pochette sur le côté est parfaite pour un message spécial ou un certificat-cadeau. Le sac est fait avec du papier d'emballage provenant du commerce, mais c'est un projet idéal pour un des papiers décorés des pages 22 à 35. Choisissez un papier uni ou imprimé assorti pour la pochette et donnez-lui une touche finale en ajoutant des bouts de ruban.

MATÉRIEL

- patrons de la page 141
- feuille 42 x 30 cm ($16\frac{1}{2}$ x 12 po) de papier d'emballage à motif
- feuille 8,5 x 6,5 cm ($3\frac{1}{2}$ x $2\frac{1}{2}$ po) de papier uni assorti
- tapis de coupe
- règle
- couteau d'artiste
- outil à gaufrage
- ruban à double face adhésive
- bâton de colle
- poinçon
- ruban

1 Photocopiez le patron sur le côté imprimé du papier d'emballage puis découpez. Assurez-vous que la longue ligne horizontale inférieure est près de vous. Marquez toutes les lignes avec l'outil à gaufrage afin que les plis soient bien nets.

2 Découpez le patron de la pochette et faites une pliure en accordéon le long des deux côtés courts.

3 Collez des bandes étroites de ruban à double face adhésive le long des deux côtés et du bas de la pochette.

4 Retirez la pellicule du ruban adhésif et collez la pochette (ouverture vers le haut !) au centre du devant du sac, à environ 4 cm ($1\frac{1}{2}$ po) du rebord supérieur.

5 Retournez le sac et repliez le bas, le long de la ligne horizontale inférieure. Aplatissez-la une autre fois puis tournez le sac à l'endroit.

6 En utilisant les lignes imprimées comme guide, pliez les côtés du sac vers l'intérieur.

7 Pliez la ligne de collage latérale du sac et collez-la avec le bâton de colle.

8 Renversez le sac et faites le fond en repliant les côtés. Repliez les languettes et fixez-les en place avec du ruban à double face adhésive. Vous trouverez peut-être qu'il est plus facile de mettre une main dans le sac quand vous appuyez pour le coller.

9 Avec le poinçon, pratiquez deux trous face à face, de chaque côté du sac. Passez-y des bouts de ruban pour faire des poignées puis fixez-les avec du ruban adhésif.

Pourquoi ne pas confectionner des minisacs comme celui qui est illustré ici ? On peut les assembler en quelques minutes et ils font des accessoires de table ravissants et originaux une fois remplis d'amandes caramélisées. Glissez une carte avec le nom de chaque invité dans la pochette frontale. Ici, la pochette couvre toute la base du sac et le ruban enfilé dans le rebord fait une attache décorative. L'agencement de papier uni et imprimé le rend encore plus attrayant.

V A R I A N T E

Marque-places des fêtes

Pendant la période des fêtes, vous désirez que votre table soit aussi spéciale que les aliments que vous avez préparés ; avec ces élégants marque-places, pourtant simples à réaliser, elle prendra une allure festive. C'est si rapide et facile que vous pouvez en fabriquer plusieurs en très peu de temps. La quantité de carton donnée suffit pour quatre places.

MATÉRIEL

- couteau d'artiste
- tapis de coupe
- crayon
- règle
- feuille 30 x 21 cm (12 x 8 1/4 po) de carton argent
- outil à gaufrage
- feuille 30 x 21 cm (12 x 8 1/4 po) de carton rouge
- motifs autocollants argent
- bordures autocollantes argent
- ruban à double face adhésive

TRUCS UTILES

- Lorsque vous utilisez de petits motifs autocollants, il peut être plus facile de les saisir avec des pinces d'artisanat de qualité.
- S'il vous est difficile de bien placer les motifs autocollants, enlevez tout d'abord le tour du motif pour ne laisser que ce dernier sur le papier protecteur. Puis, prenez un morceau de ruban à faible adhérence et enlevez un peu de l'adhésif en le collant d'abord sur vos vêtements ou un linge de maison. Saisissez le motif en plaçant le ruban dessus, transférez le motif sur le carton puis enlevez délicatement le ruban pour laisser le motif à l'endroit exact choisi.

1 Pour réaliser la base du marque-place, découpez un rectangle de carton argent de 11 x 8 cm ($4\frac{1}{4}$ x 3 po) et marquez la ligne du centre avec l'outil à gaufrage. Pliez-le en deux et laissez-le de côté pour l'étape 5. Découpez un morceau de carton rouge de 10 x 7 cm (4 x $2\frac{3}{4}$ po) et collez un motif autocollant à droite.

2 Utilisez la règle pour trouver le centre du carton et marquez les deux côtés du motif sur le sens de la longueur. Assurez-vous de ne pas passer sur le motif.

3 Avec le couteau d'artiste, découpez le contour du motif qui se trouve au-dessus de la ligne marquée. Découpez d'un côté à l'autre du motif en commençant à la ligne marquée et en arrêtant quand vous atteignez la ligne marquée de l'autre côté.

4 Pliez le carton rouge le long de la ligne marquée, afin que le motif se soulève. Faites ressortir les rebords latéraux et inférieurs avec des bordures autocollantes.

5 Pour terminer le marque-place, fixez le carton décoré à la base argent réalisée à l'étape 1 avec des bandes de ruban à double face adhésive.

Agencez des motifs autocollants pour créer différentes versions du marque-place. De fabrication rapide et facile, ces cartons sont l'idéal quand vous n'avez que très peu de temps à consacrer à l'artisanat.

VARIANTE

Marque-places à coquillages

Un carré de carton blanc plié en deux constitue la base parfaite pour ces marque-places simples à ravir. Choisissez n'importe quels petits coquillages, mais utilisez de la colle à adhérence élevée pour les fixer au carton. La quantité de carton proposée pour ce projet suffira à réaliser huit marque-places.

MATÉRIEL

- couteau d'artiste
- tapis de coupe
- crayon
- règle
- morceau de carton blanc de 42 x 30 cm (16 1/2 x 12 po)
- outil à gaufrage
- colle pour artisanat non soluble dans l'eau
- coquillages

1 À l'aide du crayon et de la règle, dessinez un carré de 10 cm (4 x 4 po) sur le carton. Découpez-le ensuite avec le couteau d'artiste.

2 Tracez un trait léger au centre du carton puis marquez-le avec l'outil à gaufrage. Pliez le carton en deux, puis dépliez-le.

3 Encollez le rebord intérieur d'un coquillage puis placez-le à droite sur le carton. Ajoutez-en d'autres, si vous le désirez, puis faites sécher toute la nuit avant d'inscrire le nom de l'invité sur le carton.

Des retailles de carton blanc peuvent être transformées en magnifiques marque-places en un rien de temps. Coupez les coins d'un des côtés courts et enfilez un ruban dans un trou perforé. Inscrivez le nom de votre invité sur le carton puis attachez-le à une boule de Noël.

V A R I A N T E

CHAPITRE QUATRE

Cartes de souhaits et invitations

Il faut souligner les occasions spéciales avec des invitations et des cartes vraiment originales et ce chapitre renferme des motifs imaginatifs pour mariages, anniversaires, etc. De l'invitation romantique sur rouleau de parchemin en passant par des collages pour enfants, vous trouverez ici une mine d'inspiration.

Ravissant rouleau

Ce modèle de rouleau à l'ancienne est si romantique qu'il fait une invitation ou une carte d'anniversaire tout simplement unique. Et surtout, il est très simple à réaliser et nécessite quatre papiers de différents grammages, dont un fait main. Quoi de plus charmant qu'un rouleau parchemin fait de papier de votre propre fabrication ?

MATÉRIEL

- crayon
- règle
- couteau d'artiste
- tapis de coupe
- feuille 30 x 21 cm (12 x $8\frac{1}{4}$ po) de papier transparent moucheté d'or
- feuille 30 x 21 cm (12 x $8\frac{1}{4}$ po) de papier marbré
- colle en aérosol
- feuille 30 x 21 cm (12 x $8\frac{1}{4}$ po) de papier fait main
- feuille 30 x 21 cm (12 x $8\frac{1}{4}$ po) de papier calque
- 4 œillets
- poinçon et poseur d'œillets
- ruban étroit assorti
- ciseaux
- stylo
- ruban large assorti

1 Taillez le papier transparent pour qu'il mesure 28 x 19 cm (11 x $7\frac{1}{2}$ po) et fixez-le au centre du papier marbré avec de la colle en aérosol. Taillez le papier fait main pour le ramener à 25,5 x 17 cm (10 x $6\frac{3}{4}$ po) et coupez le papier calque afin qu'il ait environ 2,5 cm (1 po) de moins sur tous les côtés.

TRUC UTILE

- **Si le papier transparent est froissé, repassez-le à basse température avant de commencer.**

2 À l'aide du poinçon et du poseur d'œillets, attachez le papier calque au centre du papier fait main en fixant un œillet à chaque coin.

3 Passez le ruban étroit dans les œillets au haut du papier et, de l'envers, par les œillets du bas. Nouez le ruban, faites une petite boucle et coupez les extrémités.

4 Avec la colle en aérosol, fixez ces deux feuilles de papier au centre de celles que vous avez assemblées à l'étape 1.

5 Inscrivez votre message sur le rouleau puis enroulez-le délicatement et attachez-le avec le ruban plus large. Faites une boucle pour bien fermer le parchemin.

TRUC UTILE

- Un rouleau fait avec du papier léger qui ne va pas se dérouler automatiquement peut être scellé avec de la cire à cacheter. Décorez le cachet avec un petit objet à motif comme une pièce de monnaie ou un anneau.

V A R I A N T E

Pour obtenir un autre effet, essayez de superposer vos papiers sur l'envers de votre rouleau.

Précieux souvenirs

Rappelez à des amis ou à des membres de la famille le jour de leur mariage en transformant leur photo préférée en une éblouissante carte anniversaire à trois dimensions. C'est un projet idéal pour mettre à profit votre propre papier décoré à l'éponge (voir « La technique à l'éponge », page 32).

MATÉRIEL

- deux feuilles 30 x 21 cm (12 x 8 1/4 po) de carton violet
- règle
- feuille 21 x 15 cm (8 1/4 x 6 po) décorée à l'éponge, de couleur assortie
- ruban à double face adhésive
- petits ciseaux
- 4 copies d'une photo
- carrés de montage en mousse à double face adhésive
- fleurs en ruban
- ruban assorti
- pistolet à colle chaude

1 Pliez une feuille de carton violet en deux pour faire la base de la carte de vœux. En vous servant de la règle afin que le bord soit droit, déchirez environ 12 mm (1/2 po) des quatre côtés du papier décoré à l'éponge, afin qu'il soit un peu plus petit que la base. Fixez-le sur le devant de la base avec du ruban à double face adhésive. (Placez le papier décoré à l'éponge légèrement en angle afin de donner à la carte plus de « mouvement ».) Laissez de côté pour plus tard, à l'étape 5.

TRUCS UTILES

- Il vaut mieux de pas utiliser plus de quatre épaisseurs de photos dans une carte de vœux, sinon le poids pourrait faire basculer la carte !
- Afin que la dernière couche ait un aspect plus doux, placez les photos à l'envers sur un tapis de souris et courbez les bords légèrement en frottant une petite cuillère derrière.

2 Avec les ciseaux, découpez soigneusement toute une photo. Sur la deuxième photo, découpez les mariés mais enlevez l'arrière-plan. Sur la troisième, enlevez un peu plus d'éléments en laissant ceux qui semblent être à l'avant-scène. Sur la dernière, laissez seulement les éléments qui ressortent réellement, comme le bouquet par exemple.

3 Déchirez un morceau de la deuxième feuille de carton violet afin qu'il soit environ 2,5 cm (1 po) plus large que la première photo. Fixez la photo sur le carton avec du ruban à double face adhésive. Montez la deuxième photo sur la première en utilisant le ruban adhésif sur les côtés et le bas et des carrés de montage en mousse à double face adhésive au centre.

4 Ajoutez la troisième puis la quatrième photo de l'étape 2 en utilisant des carrés de montage en mousse entre les deux pour créer un effet à trois dimensions.

TRUCS UTILES

- Pour créer quatre images identiques, imprimez-les directement à la maison à partir de votre ordinateur, photocopiez-les ou faites-en tirer plusieurs dans un centre de la photo.
- Si vous imprimez les photos à partir de votre propre ordinateur, vous pouvez ajouter une touche nostalgique en enlevant la couleur pour en faire une copie dans les tons doux sépia, ou en noir et blanc, comme sur l'illustration.

5 Montez toute l'image tridimensionnelle légèrement en angle, du côté gauche de la carte de vœux, en vous servant de carrés de montage. Pour terminer, nouez une boucle autour des fleurs puis fixez-les à la base avec le pistolet à colle chaude.

« Mille mercis ! »

Quelquefois, trouver la carte parfaite pour dire « merci » à un ami semble presque impossible. Alors pourquoi ne pas fabriquer une carte ornée d'un bouquet de fleurs pour transmettre votre message ?

MATÉRIEL

- poinçon à motif floral
- feuille 21 x 15 cm (8 1/4 x 6 po) de papier marbré
- 7 pierres décoratives autocollantes à dos plat
- feuille 42 x 30 cm (16 1/2 x 12 po) de carton vert
- couteau d'artiste
- tapis de coupe
- crayon
- règle
- plioir
- feuille 21 x 15 cm (8 1/4 x 6 po) de papier fait main turquoise
- ruban à double face adhésive
- feuille 18 x 13 cm (7 x 5 po) de papier fait main transparent
- ruban mousse à double face adhésive
- carrés de montage en mousse à double face adhésive
- coupe-fil
- fil métallique vert
- ruban

1 Taillez sept fleurs au poinçon dans le papier marbré. Retirez le papier protecteur et collez une pierre décorative au centre de chaque fleur.

2 Coupez le carton vert en deux et faites deux plis à environ 7 cm (3 po) du bord des côtés courts avec le plioir pour créer une carte à volets. (Laissez l'autre moitié du carton de côté pour l'étape 4.)

3 Repliez les deux rabats vers le centre pour créer la base. Fixez le papier fait main turquoise au volet de gauche avec des bandes de ruban à double face adhésive.

4 Coupez un morceau de 10 x 15 cm (4 x 6 po) dans les retailles de l'étape 2. Déposez le carton au centre du papier fait main transparent, puis enveloppez ses côtés et maintenez-le en place avec le ruban adhésif.

5 Centrez le carton recouvert sur le devant de la base et montez-le avec des carrés en mousse autocollants.

6 Coupez sept morceaux de fil métallique d'environ 10 cm (4 po) de longueur et collez-les sur le dessus de la carte avec des carrés de montage. Courbez légèrement les fils afin de leur donner l'apparence de tiges de fleur.

TRUCS UTILES

- Si vous ne trouvez pas de papier fait main épais, utilisez alors du papier fait main mince monté sur un morceau du carton utilisé pour la base.
- Si vous n'avez pas de plateau à plier le carton comme celui utilisé à l'étape 2, servez-vous d'un outil à gaufrage ou d'un stylo bille qui ne fonctionne plus pour marquer les lignes de pliure.

7 En haut de chaque fil, ou tige, attachez une tête de fleur avec des carrés de montage en mousse.

8 Faites une boucle avec le ruban et collez-le à l'endroit où les tiges se croisent avec d'autres carrés en mousse.

Si vous taillez les fleurs les unes à la suite des autres sur le papier marbré à l'étape 1, vous pourrez utiliser les retailles pour créer une carte complètement différente. Vous obtiendrez ainsi deux cartes uniques pour le prix d'une !

V A R I A N T E

Magie animale

Trouver la carte de vœux parfaite pour un enfant peut quelquefois être une corvée. Essayez donc de lui fabriquer une carte amusante à l'aide d'un de nos modèles de têtes d'animaux. Mieux encore, encouragez les enfants à créer leurs propres cartes animalières pour leurs amis. Laissez-les faire le collage, mais aidez-les à fixer les œillets.

MATÉRIEL

- patrons des pages 142 à 145
- feuille 30 x 21 cm (12 x 8 1/4 po) de papier blanc
- ciseaux
- crayon
- feuille 30 x 21 cm (12 x 8 1/4 po) de carton couleur bronze
- feuille 21 x 15 cm (8 1/4 x 6 po) de papier vert
- assortiment de feuilles 30 x 21 cm (12 x 8 1/4 po) de papier de diverses couleurs choisies en fonction de l'animal
- bâton de colle
- 4 œillets
- poinçon et poseur d'œillets
- fil décoratif pelucheux
- marqueur noir
- stylo à bille argent

1 Reportez le patron de l'animal de votre choix sur une feuille de papier blanc et découpez séparément chaque élément du motif : forme de la tête, oreilles, nez, etc.

TRUC UTILE

- **Lorsque vous travaillez, gardez une copie du patron sur la table afin de la consulter au moment d'assembler la tête.**

2 Avec un crayon, tracez chacun de ces éléments sur la couleur de papier qui convient puis déchirez soigneusement la forme.

3 Pliez le carton couleur bronze en deux pour créer la base de votre carte de vœux. Déchirez une bordure d'environ 12 mm (1/2 po) tout autour du carton vert, puis fixez-le sur le devant du support avec le bâton de colle. Posez un œillet à chaque coin.

4 Passez le fil décoratif pelucheux dans les œillets et nouez-le derrière. Utilisez le bâton de colle pour fixer les parties de la tête de l'animal à l'avant de la carte.

5 Complétez le motif en dessinant les traits avec le marqueur noir. Rehaussez certains éléments, comme le museau du lion, en y ajoutant une touche argentée avec le stylo.

TRUC UTILE

- **Vous pouvez ajouter de la profondeur au dessin en collant quelques-uns des éléments avec des petits carrés de montage en mousse à double face adhésive.**

Égayez un sac de papier d'emballage avec une tête d'animal assortie pour régler de façon simple et rapide la question de l'emballage-cadeau.

V A R I A N T E

Célébrations

De l'extérieur, on dirait une carte de souhaits bien ordinaire, mais quand vous l'ouvrez une petite surprise vous saute aux yeux ! Grâce à un encart surélevé, qui ajoute du punch, et à la richesse de ses couleurs, cette carte élégante convient pour les anniversaires ainsi que pour les célébrations comme Noël ou Hanoukkah.

Pour ce projet, vous pouvez utiliser votre propre papier moucheté fait main (voir « L'éclaboussage », page 34). Pour fabriquer le pochoir servant à repousser le motif de chandelle, consultez la section « La fabrication d'un pochoir », page 26.

MATÉRIEL

- couteau d'artiste
- tapis de coupe
- deux feuilles 30 x 21 cm (12 x 8 1/4 po) de carton rouge
- ciseaux dentelés
- feuille 30 x 21 cm (12 x 8 1/4 po) de papier moucheté couleur crème
- feuille 21 x 15 cm (8 1/4 x 6 po) de carton doré
- ruban à double face adhésive
- fil rouge décoratif
- règle
- carrés de montage en mousse à double face adhésive

POUR LE POCHOIR

- modèle de la page 146
- feuille de carton mince
- crayon
- outil à gaufrage
- table lumineuse

1 Coupez une feuille de carton rouge en deux afin d'obtenir deux rectangles mesurant chacun 21 x 15 cm ($8^{1}/_{4}$ x 6 po). Pliez un rectangle en deux pour créer la base de votre carte. (Gardez le second rectangle pour l'étape 6.) Avec les ciseaux dentelés, découpez un morceau de carton moucheté de 13 x 10 cm (5 x 4 po).

2 Centrez le papier moucheté aux rebords dentelés sur la base de la carte et montez-le avec du ruban à double face adhésive. Avec les ciseaux dentelés, découpez un rectangle de carton rouge de 9,5 x 8,5 cm ($3^{3}/_{4}$ x $3^{1}/_{4}$ po). Enroulez le fil autour du rectangle de carton et fixez-le sur l'envers avec des carrés de montage en mousse.

3 Montez le morceau de carton rouge enveloppé au centre de la base avec des carrés en mousse.

4 Avec les ciseaux dentelés, découpez un morceau de carton doré de 7 x 6,5 cm ($2^{3}/_{4}$ x $2^{1}/_{2}$ po) et repoussez le motif de chandelle en suivant les instructions de la page 29. Faites un deuxième carton gaufré pour l'étape 8.

5 Centrez un carton gaufré à l'avant de la carte de vœux et montez-le avec des carrés en mousse. (Remarquez qu'il s'agit d'une carte horizontale.)

6 Maintenant, fabriquez la partie en relief de la carte. Prenez le deuxième morceau de carton rouge de l'étape 1 et enlevez une bordure d'environ 3 mm (1/8 po) d'un côté court et d'un côté long avant de le plier en deux. Sur le rebord plié, mesurez 6 cm (2 1/4 po) à partir des deux côtés et pratiquez une entaille d'environ 12 mm (1/2 po) de longueur dans la carte, à angle droit par rapport au pli.

7 Sur l'extérieur de la carte, marquez une ligne entre les entailles sur chaque côté du pli central avec l'outil à gaufrage. Enfoncez ce bout à l'intérieur de la carte pour créer un petit palier.

8 Avec les ciseaux dentelés, coupez un morceau de papier moucheté de 19 x 14 cm ($7^1/_2$ x $5^1/_2$ po) pour insérer dans la carte. Taillez une petite partie afin que le papier s'insère autour du palier que vous venez de faire. Fixez avec du ruban à double face adhésive. Prenez le second morceau de carton doré gaufré de l'étape 4 et collez-le au palier avec du ruban : la carte ouverte, le carton doré se soulèvera (voir ci-dessous).

9 Utilisez du ruban à double face adhésive pour fixer l'encart à relief à l'intérieur de la carte extérieure décorée pour terminer la carte de vœux.

Pourquoi ne pas réutiliser le pochoir de chandelle pour créer du papier d'emballage assorti ? Frottez un peu de craie pour artisanat rouge et orange sur une feuille de papier blanc unie, puis ajoutez plus de craie avec un pochoir et une éponge. Consultez la section « Utiliser un pochoir pour ajouter de la couleur », page 28, mais prenez de la craie au lieu de l'encre.

V A R I A N T E

Joyeuse Saint-Valentin

Utilisez un peu de la magie du perlage pour montrer à quel point une personne vous est chère et offrez-lui cette carte d'une élégance toute simple. Ici nous avons utilisé des perles et du fil rouge, mais des cristaux sur un fil argenté seraient tout aussi accrocheurs.

MATÉRIEL

- plioir
- feuille 21 x 15 cm (8 1/4 x 6 po) de papier fait main à pétales de rose
- feuille 30 x 21 cm (12 x 8 1/4 po) de carton rouge
- ruban à double face adhésive
- coupe-fil
- fil argent ou rouge de calibre 22
- crayon
- ciseaux
- environ 200 petites perles
- modèle de la page 148
- carrés de montage en mousse à double face adhésive
- ruban adhésif

TRUC UTILE

- **S'il vous faut déchirer un morceau de papier fait main pour en réduire la taille, « dessinez » tout d'abord la ligne de déchirure avec un pinceau humide. Déchirez en suivant la ligne humide avec une règle pour qu'elle soit droite.**

1 Marquez une ligne au centre du papier fait main avec pétales et pliez-le en deux. Coupez le carton rouge en deux et tracez une ligne au milieu de l'un d'eux, puis pliez pour créer la base de la carte de vœux. Mettez l'autre moitié de côté pour l'étape 4.

2 Apposez du ruban à double face adhésive derrière la base de carton rouge, le long du pli, et enveloppez-la avec le papier fait main en appuyant sur le pli afin qu'il colle au ruban.

3 Coupez 60 cm (2 pi) de fil puis enfilez assez de petites perles pour couvrir environ 5 cm (2 po) du fil.

4 Décalquez le patron sur le deuxième morceau de carton rouge de l'étape 1 et découpez-le. Utilisez un carré de montage en mousse à double face adhésive pour attacher une extrémité du fil de perles au haut du cœur (sur l'envers) et ramenez le fil à l'avant du cœur. Assurez-vous que toutes les perles soient devant.

5 Continuez à ajouter des perles et à enrouler le fil jusqu'à ce qu'il y ait cinq fils de perles autour du cœur, tous fixés à l'arrière avec des carrés en mousse. Fixez l'extrémité à l'envers du cœur avec du ruban adhésif.

6 Montez le cœur au centre à l'avant de la carte avec des carrés en mousse.

Pour une variante simple mais gagnante, utilisez du fil argenté enroulé plusieurs fois autour d'un cœur. Même sans perles, une carte de la Saint-Valentin argent et rouge produit toujours de l'effet.

V A R I A N T E

Une invitation spéciale

Si vous cherchez une invitation un peu différente, pourquoi ne pas essayer ce joli motif ? L'invitation utilise des formes de ballon découpées faciles à créer qui sont ensuite embellies avec une touche décorative de stylo à bille argent. Si vous imprimez le texte de votre invitation à partir de l'ordinateur, vous pouvez faire une bonne quantité de ces invitations très rapidement.

MATÉRIEL

- feuille 21 x 15 cm (8 1/4 x 6 po) de carton vert
- quatre feuilles 21 x 15 cm (8 1/4 x 6 po) de carton de couleurs assorties
- crayon
- règle
- couteau d'artiste
- tapis de coupe
- feuille 30 x 21 cm (12 x 8 1/4 po) de papier calque
- ruban à double face adhésive
- feuille 21 x 15 cm (8 1/4 x 6 po) de papier fait main turquoise
- poinçon à motif de ballon
- bandelettes de papier autocollantes
- stylo à bille argent
- carrés de montage en mousse à double face adhésive
- ruban rigide
- colle pour artisanat à fini transparent

1 Pour réaliser la partie intérieure de l'invitation, pliez le morceau de carton vert en deux puis dépliez-le. Avec le crayon et la règle, tracez une fenêtre sur un côté du carton en laissant une bordure d'au moins 12 mm (1/2 po) de largeur. Découpez l'ouverture avec soin.

TRUCS UTILES

- Lorsque vous découpez la fenêtre de l'invitation, placez la règle sur la partie du carton que vous conserverez. Ainsi, si la lame glisse elle entaillera le morceau de carton à éliminer et ne gâchera pas votre invitation.
- Si vous trouvez que faire une petite boucle est une entreprise délicate, utilisez plutôt une boucle toute faite.
- Afin que les coins soient bien nets, quand vous coupez la fenêtre, insérez une épingle dans le carton à chaque coin avant de découper.

2 Imprimez le texte de votre invitation sur du papier calque coupé au format de la fenêtre. Pour ce faire, posez-le d'abord sur la fenêtre, puis faites les marques de coupe en laissant une bordure assez large pour le coller en place.

3 Découpez le texte et maintenez-le en place avec du ruban à double face adhésive. L'envers du texte doit vous faire face afin qu'il soit lisible à l'endroit. Appliquez des bandes de ruban à double face adhésive autour du papier calque puis pliez ensemble l'avant et l'arrière de la carte pour sceller le texte à l'intérieur.

4 Pliez le papier fait main en deux. Apposez du ruban à double face adhésive derrière la carte intérieure (avec texte) le long de son pli et enveloppez le papier fait main autour pour le coller en place.

5 Découpez quelques ballons au poinçon dans les quatre cartons de couleur. Enroulez un petit bout de papier autocollant à la base de chaque ballon puis ajoutez un reflet avec le stylo bille argent.

6 Créez des ficelles pour les ballons avec des bandelettes de papier autocollantes en les croisant au bas, comme si elles étaient toutes attachées ensemble.

7 Utilisez des gouttes de colle pour fixer quelques ballons directement sur le papier fait main, à l'extrémité supérieure des ficelles. Fixez les autres avec des carrés en mousse afin qu'ils soient un peu surélevés.

8 Faites une boucle avec le ruban rigide et coupez les extrémités en angle. Retouchez la boucle au besoin avant de la fixer avec la colle transparente.

Si vous manquez de temps, découpez une fenêtre dans un petit morceau de papier fait main, mettez un morceau de carton d'une couleur assortie derrière et insérez le texte de l'invitation entre les deux. Décorez le cadre avec quelques ballons découpés... et voilà une version encore plus rapide de l'invitation !

V A R I A N T E

CHAPITRE **CINQ**

Le travail du papier

Dans ce chapitre, vous trouverez des idées pour des découpages plats et à trois dimensions, des modèles de chemises maison, de l'inspiration pour personnaliser des cadres et plus encore. Du panier et du protège-livre tressés à la banderole thématique, vous découvrirez des façons de métamorphoser des feuilles de papier en objets fabuleux.

Boîte florale

Avec la technique du découpage, vous pouvez personnaliser toutes sortes de surfaces en un tournemain. Les boîtes vendues en magasin ne sont pas seulement fantastiques pour ranger toutes vos babioles, mais elles font aussi des supports parfaits pour les projets de découpage. Cette petite boîte devient un contenant pratique pour boucles d'oreilles et autres petits bijoux.

MATÉRIEL

- peinture domestique ou peinture artisanale à base d'eau
- petit pinceau
- boîte de carton vendue en magasin
- poinçons à motif de fleur et de feuille
- deux feuilles 21 x 15 cm ($8\frac{1}{4}$ x 6 po) de papier bleu moyen et foncé
- colle hydrosoluble non toxique pour l'artisanat
- petite casserole pour l'eau
- ruban autocollant

1 Enlevez les étiquettes et peignez la base et le couvercle de la boîte. Laissez sécher. Appliquez une autre couche au besoin.

TRUC UTILE

- **Les échantillons de peinture domestique sont parfaits pour peindre de petits objets. Ils sont peu coûteux et disponibles dans une grande palette de couleurs, ce qui les rend très économiques pour ce type de projet. Autrement, les peintures pour artisanat font aussi bien l'affaire.**

2 Utilisez les poinçons à motif de fleur et de feuille pour tailler une sélection de formes dans les deux feuilles de papier.

3 Mélangez de la colle pour artisanat à de l'eau (moitié-moitié). Couvrez au pinceau la base de la boîte du mélange puis disposez ici et là, de façon irrégulière, les feuilles et les fleurs découpées sur la surface collante de la boîte.

4 Couvrez chaque motif d'une couche du mélange colle et eau. Répétez les étapes 3 et 4 pour décorer le couvercle mais ne collez rien le long du rebord. Laissez les parties du haut et du bas sécher, puis appliquez une autre couche de colle et d'eau pour sceller la surface et la rendre résistante à l'usage.

5 Pour terminer le projet, collez un ruban tout autour du couvercle.

Boîte à motif d'ourson

L'impression au pochoir se prête brillamment à des découpages à trois dimensions, alors lancez-vous et créez cette mignonne boîte qui est idéale pour un premier cadeau au nouveau-né. Vous trouverez une myriade de suggestions et conseils sur les diverses méthodes propres aux tampons aux pages 24 et 25.

MATÉRIEL

- tampon encreur en caoutchouc
- encre à pigment noir
- feuille 30 x 21 cm (12 x $8\frac{1}{4}$ po) de carton ou papier épais crème
- poudre transparente pour gaufrage
- pistolet thermique à gaufrer
- crayons hydrosolubles
- pinceau à gouttes ou pinceau d'artiste de qualité et petit récipient pour l'eau
- petits ciseaux
- feuille 26 x 25 cm ($10\frac{1}{4}$ x $9\frac{3}{4}$ po) de carton rouge foncé qu'on aura un peu taillée (base de la boîte)
- feuille 26 x 25 cm ($10\frac{1}{4}$ x $9\frac{3}{4}$ po) de carton rouge foncé (couvercle)
- plioir
- feuille 14 x 13 cm ($5\frac{1}{2}$ x $5\frac{1}{8}$ po) de carton orange foncé
- feuille 12 x 11 cm ($4\frac{3}{4}$ x $4\frac{1}{4}$ po) de carton crème moucheté
- feuille 10 x 9 cm (4 x $3\frac{1}{2}$ po) de carton orange pâle
- ruban à double face adhésive
- carrés de montage en mousse à double face adhésive

1 Imprimez l'image quatre fois sur le carton crème puis repoussez-les avec de la poudre transparente pour gaufrage. Faites fondre la poudre avec le pistolet thermique à gaufrer, puis laissez refroidir.

2 Colorez les quatre images avec les crayons hydrosolubles en créant un effet d'aquarelle avec un pinceau à gouttes ou un pinceau trempé dans l'eau.

3 Découpez la première image en conservant l'arrière-plan. Découpez la seconde en enlevant l'arrière-plan. Enlevez tout l'arrière-plan et un peu du dessin de la troisième image. Réduisez encore davantage la dernière image. Mettez les quatre images de côté pour l'étape 6.

4 Pour confectionner la boîte, utilisez le plioir pour faire une rainure à 4 cm ($1^1/_2$ po) du bord sur les quatre côtés des deux morceaux de carton rouge foncé.

5 Pour faire les languettes de la base de la boîte, coupez à partir du rebord extérieur jusqu'à la rainure de chaque côté. (En faisant de minuscules entailles de chaque côté des coupures, il sera plus facile de plier les languettes.) Répétez pour faire le couvercle.

TRUCS UTILES

- Si vous avez un tampon encreur multicolore, vous pouvez vous en servir pour imprimer l'image. Humectez un pinceau, prenez un peu de couleur du tampon et faites comme s'il s'agissait d'aquarelle.
- Pour sauver du temps, colorez seulement les parties du tampon qui seront visibles lorsque les figures auront été découpées (ici l'ourson et le lapin).
- Écrivez « base » à trait léger avec un crayon sur le plus petit morceau de carton rouge foncé pour mieux le repérer plus tard.

6 Prenez le couvercle (le plus grand morceau de carton rouge) et montez le carton orange foncé, le carton moucheté et le carton orange pâle dans le coin droit supérieur (à l'intérieur des rainures) avec du ruban à double face adhésive. Superposez les quatre images avec les carrés en mousse pour créer un effet à trois dimensions.

7 Posez du ruban à double face adhésive sur chaque patte de fermeture et repliez les côtés. Procédez de la même manière pour terminer la base de la boîte.

TRUC UTILE

- Pour compléter le tout, ajoutez un ruban ou une boucle.

Cadre de fantaisie

Si vous avez de la difficulté à trouver le cadre idéal pour une photo peu banale, essayez de fabriquer et de décorer votre propre cadre avec du papier crêpon d'une couleur vive et un fil assorti. En changeant les couleurs, ce cadre se mariera à tout décor. Notre cadre convient aux photos de 15 x 11 cm (6 x 4 1/4 po). Si votre photo est d'un autre format, vous devrez modifier la taille de la fenêtre et des rebords intérieurs de l'espaceur en U.

MATÉRIEL

- patron de la page 149
- couteau d'artiste
- tapis de coupe
- crayon
- règle
- feuille 42 x 30 cm (16 1/2 x 12 po) de carton épais
- colle pour artisanat
- 1 rouleau de papier crêpon vert
- ciseaux
- ruban à double face adhésive
- fil vert décoratif
- ruban adhésif

1 Prenez le patron à la fin du livre et découpez les quatre sections du cadre dans le carton épais. Collez l'espaceur en U sur la partie arrière du cadre avec une fine ligne de colle.

REMARQUE À l'étape 1, n'appliquez pas de colle au milieu du U lorsque vous le fixez à la partie arrière : c'est là que la photo est glissée dans le cadre.

2 Placez la partie arrière avec le U sur le papier crêpé. Coupez le papier crêpon avec les ciseaux en laissant une bordure dépasser de 12 mm (1/2 po) tout autour de la partie arrière. Collez le papier au U avec des bandes de ruban à double face adhésive en le repliant un peu pour que la finition soit plus soignée.

3 Recouvrez la partie frontale du cadre en suivant les mêmes instructions qu'à l'étape 2. Cependant, pour que la fenêtre ait un beau fini, entaillez le papier crêpon aux coins avec le couteau d'artiste puis repliez-le et fixez-le à l'endos du carton avec des bandes de ruban à double face adhésive

4 Déchirez plusieurs bandelettes de papier crêpon d'environ 12 mm ou 2 cm (1/2 ou 3/4 po) de largeur chacune. Fixez-en une extrémité au dos de la fenêtre avec du ruban à double face adhésive et commencez à l'enrouler autour du cadre. Continuez jusqu'à ce que vous ayez complètement recouvert le cadre. Taillez les bouts avec les ciseaux. Fixez la dernière bandelette au dos du cadre avec d'autre ruban.

5 Enroulez le fil décoratif autour de la fenêtre du cadre jusqu'à ce que vous soyez satisfait de l'effet, puis fixez l'extrémité au dos de la fenêtre avec du ruban adhésif.

6 Appliquez de fines lignes de colle sur les rebords inférieurs et latéraux du cadre et fixez la partie frontale décorée à la partie arrière en emprisonnant le U entre les deux sections. (La photo sera glissée dans le cadre au centre du U.) Placez le cadre sous quelques livres épais pendant quelques heures jusqu'à ce que la colle ait séché. Marquez le long côté de la patte d'appui, tel qu'illustré sur la photo (à gauche) et pliez-le à 90 degrés. Fixez la patte d'appui au dos du cadre avec une bonne quantité de ruban adhésif en vous assurant que les rebords inférieurs du cadre et de la patte soient à égalité.

VARIANTE

Utilisez nos plus petits modèles pour créer des minicadres qui font d'adorables cadeaux et d'originaux ornements pour arbres de Noël !

Chemise pour papier à lettres

Vous cherchez le cadeau parfait pour une personne qui entretient une correspondance abondante ? Alors essayez cette chemise pour papier à lettres. Le corps de la chemise est confectionné avec du carton épais recouvert de papier fait main puis orné de perles. En personnalisant la chemise avec une photo spéciale, vous vous assurez qu'elle plaira et le cadeau ne sera pas oublié de sitôt.

MATÉRIEL

- patron de la page 151
- couteau d'artiste
- tapis de coupe
- crayon
- règle
- feuille 59,5 x 42 cm ($23^{1}/_{2}$ x $16^{1}/_{2}$ po) de carton épais
- outil à gaufrage
- feuille 59,5 x 42 cm ($23^{1}/_{2}$ x $16^{1}/_{2}$ po) de papier fait main
- ciseaux
- environ 150 petites perles
- fil à coudre
- petite aiguille pour broderie de perles
- ruban à double face adhésive
- 40 cm ($1^{1}/_{2}$ po) de ruban

TRUC UTILE

- **Certains rubans à double face adhésive n'adhèrent pas bien au papier fait main. Avant de commencer, faites un essai. S'il ne colle pas bien, choisissez une autre marque.**

1 À l'aide du patron, découpez la base de la chemise dans le carton épais et marquez les lignes de pliure avec l'outil à gaufrage. Placez la base en carton sur le papier fait main et tracez-en le contour. Avec les ciseaux, découpez le papier de sorte qu'il soit un peu plus grand que le carton et tracez les lignes de pliure dessus avec le crayon.

2 Retirez la base en carton du papier et utilisez le crayon et la règle pour tracer les deux lignes de pliure sur l'envers du papier.

3 Sur l'avant seulement, cousez de petites perles ici et là.

4 Collez le papier fait main à la base en carton avec du ruban à double face adhésive en recouvrant les bords extérieurs de la fenêtre pour obtenir une belle finition.

5 Découpez un morceau de papier fait main un peu plus petit que la partie arrière de la chemise et fixez-le en place avec du ruban à double face adhésive pour donner une belle finition à ce qui sera l'intérieur de la chemise.

6 Coupez deux bouts de ruban d'environ 20 cm (8 po) et attachez-en un à l'intérieur du rabat. Posez du ruban à double face adhésive le long des deux côtés, ramenez le rabat et fixez-le en place.

7 Dans l'autre ligne de pliure, découpez une ouverture vis-à-vis du premier ruban et passez le deuxième ruban dans la fente pour le sortir à l'avant, puis fixez-en l'extrémité en place avec du ruban adhésif.

8 Fixez la photo dans la fenêtre avec du ruban à double face adhésive.

9 Repliez la partie arrière sur le dos de la photo et fixez-la avec d'autre ruban. Remplissez la chemise de papier parfumé et glissez-y une plume pour compléter votre cadeau.

Modifiez la forme de la fenêtre et utilisez un papier fait main avec feuilles incrustées pour obtenir un effet complètement différent.

VARIANTE

Panier tressé en papier

Ce panier tressé fera un contenant original pour une variété d'articles légers, comme un pot-pourri parfumé ou de délicieux bonbons et chocolats. Le tressage est plutôt compliqué au début, mais il devient plus facile de manipuler le panier lorsque la première bande verticale est en place à l'étape 6.

MATÉRIEL

- couteau d'artiste
- tapis de coupe
- règle
- crayon
- feuille 45,5 x 28 cm (18 x 11 po) de papier vert
- papier brouillon pour couvrir la surface de travail au moment de décorer avec le stylo à bille or
- stylo à bille or
- colle pour artisanat (dans une bouteille dotée d'un embout fin)
- ciseaux

1 Avec le couteau d'artiste, découpez le papier fait main en 14 bandes : 10 mesurant chacune 2 cm ($^3/_4$ po) de large sur 30 cm (12 po) de long et 4 mesurant chacune 2 cm ($^3/_4$ po) de large sur 45,5 cm (18 po) de long. Protégez la surface de travail avec du papier brouillon puis décorez les côtés longs de toutes les bandes avec le stylo à bille or.

TRUC UTILE

- **Si vous n'avez pas de bouteille de colle pour artisanat avec embout fin, utilisez des pastilles de colle achetées en magasin pour maintenir le papier en place pendant que vous tressez.**

2 Prenez deux des bandes de 30 cm (12 po) de long et trouvez le centre. Déposez une goutte de colle sur l'envers d'une bande et collez les deux pièces ensemble, endroit vers le haut, de façon à former une croix.

3 Prenez deux autres bandes de 30 cm (12 po) de long et placez-les de part et d'autre de la première bande verticale, sous la bande horizontale. Maintenez les deux pièces en place avec une goutte de colle. Prenez deux autres bandes et disposez-les de chaque côté des deux dernières bandes. Cette fois, cependant, déposez-les sur la bande horizontale (tel qu'illustré) et maintenez-les encore en place avec une goutte de colle.

4 Procédez de la même manière avec les quatre bandes de 30 cm (12 po) qui restent, en les croisant, une fois au-dessous, une fois au-dessus, et en les fixant toutes avec des gouttes de colle. Vous obtiendrez ainsi la base de votre panier.

5 Retournez la base et pliez les extrémités libres de chaque bande le long de la base tressée qui est terminée. Prenez une des bandes de 45,5 cm (18 po) et tressez-la à la base des bouts repliés afin de commencer à former les côtés du panier.

6 À mesure que vous progressez, déposez une goutte de colle sur le revers de la longue bande et tenez-la pendant un moment pour que la colle sèche. Quand vous avez fait le tour, coupez le surplus de papier avec les ciseaux et collez les bouts en place.

7 Prenez une deuxième bande de 45,5 cm (18 po) et tressez-la autour des côtés en vous assurant que chaque croisé est contraire à celui du dessous. Répétez avec les deux dernières bandes pour terminer le panier.

TRUC UTILE

- **Taillez ou pliez le haut des bandes verticales ou laissez-les telles quelles, comme ici sur l'illustration, tout dépendant du genre de finition désiré.**

8 Inspectez le panier pour vous assurer que tout est bien fixé ; si une des bandes est lâche, déposez une goutte de colle dessous et pincez pendant que la colle sèche.

Lanterne chinoise

Des pots de confiture enveloppés de joli papier font de magnifiques lanternes pour décorer une table, surtout si le repas a lieu à l'extérieur un soir d'été. Déposez une bougie chauffe-plat dans le pot et allumez-la avec une bougie fine.

MATÉRIEL

- pot de confiture
- ruban à mesurer
- feuille 30 x 21 cm (12 x 8 1/4 po) de papier mince fait main
- couteau d'artiste
- tapis de coupe
- crayon
- règle
- ruban à double face adhésive
- ruban décoratif autocollant

1 Pour déterminer le format du papier dont vous avez besoin, suivez les instructions dans l'encadré (*à droite*). Découpez un morceau de papier fait main du format désiré et tracez les lignes de coupe et de pliure.

POUR TRACER LES LIGNES DU QUADRILLAGE

1. Mesurez la hauteur et la circonférence du pot de confiture et ajoutez 5 cm (2 po) à la hauteur et 1 cm (3/8 po) à la circonférence.
2. Tracez une ligne de la longueur du papier, à 1 cm (3/8 po) du bord. Cette ligne est basée sur la circonférence et devient la base de la lanterne.
3. De cette ligne, mesurez la hauteur du pot plus 2 cm (3/4 po) et tracez une seconde ligne parallèle à la première.
4. Mesurez 2 cm (3/4 po) au-dessous de la seconde ligne et tracez une troisième ligne parallèle. Le papier y sera fixé au haut du pot.
5. Tracez des lignes séparées de 1 cm (3/8 po) de haut en bas de la feuille de papier en commençant à 2 cm (3/4 po) du bord.

2 En suivant les lignes du quadrillage, découpez le papier du rebord supérieur jusqu'à la troisième ligne horizontale tracée. Ne coupez pas entre les troisième et deuxième lignes horizontales. Puis, coupez entre la deuxième et la première lignes. Continuez de la sorte et taillez le papier sur toute sa longueur.

3 Placez du ruban à double face adhésive sur les deux parties que vous n'avez pas découpées — le centre et le rebord inférieur — et enveloppez le papier autour du pot de confiture de sorte que le ruban colle en haut et en bas du pot.

4 Lorsque vous collez le papier sur le pot, les parties découpées devraient s'écarter en éventail. Dégagez délicatement celles qui s'enfoncent.

5 Enroulez un morceau de ruban décoratif autocollant autour de la lanterne au haut et au bas du pot et coupez le surplus.

6 Pour terminer la lanterne, recourbez l'extrémité du papier vers l'extérieur du pot à l'aide du crayon.

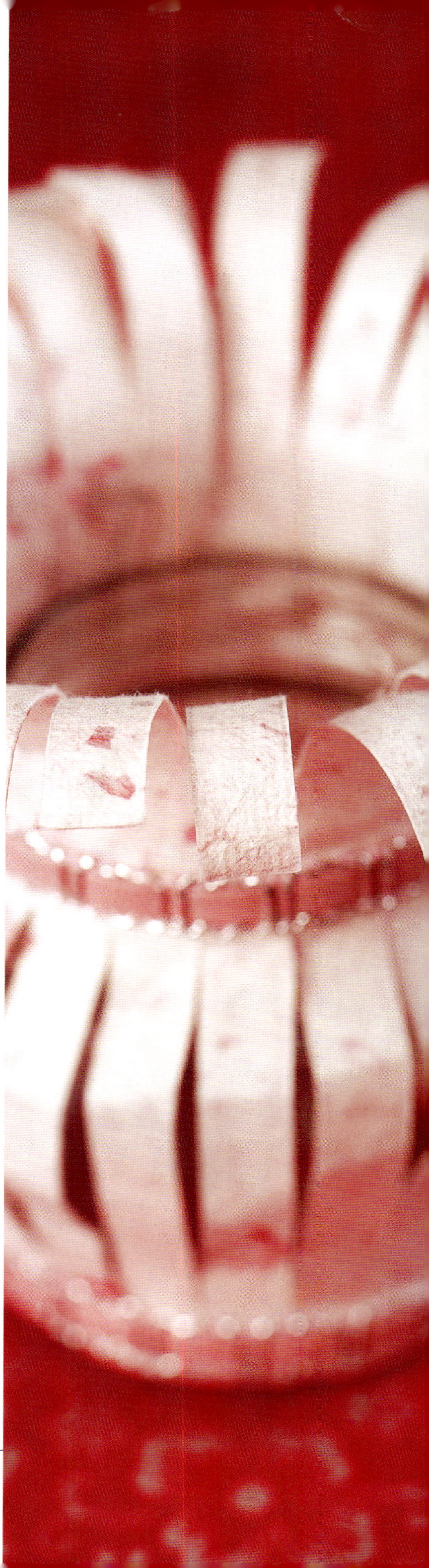

Silhouette

Transformez la photo d'un ami ou d'un membre de la famille en une silhouette classique, puis utilisez la forme pour créer une carte de vœux tout à fait originale, placez-la dans un cadre pour faire un cadeau unique ou encore suspendez-la sur un mur avec un bout de ruban. N'oubliez pas de choisir une photo qui montre la personne parfaitement de profil.

MATÉRIEL

- petits ciseaux
- photo
- bâton de colle
- feuille 21 x 15 cm ($8\frac{1}{4}$ x 6 po) de papier noir
- marqueur noir
- deux feuilles 21 x 15 cm ($8\frac{1}{4}$ x 6 po) de carton de couleurs assorties
- bordures autocollantes argent

1 Découpez la photo en enlevant la plus grande partie de l'arrière-plan.

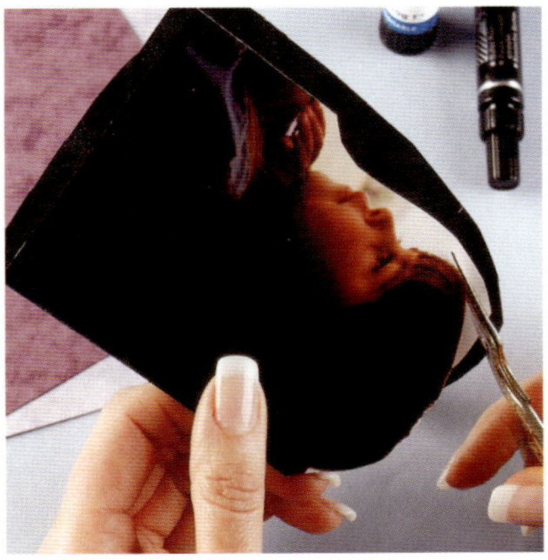

2 Collez l'image découpée sur le morceau de papier noir avec le bâton de colle puis découpez soigneusement les traits du visage en enlevant toutes les parties superflues.

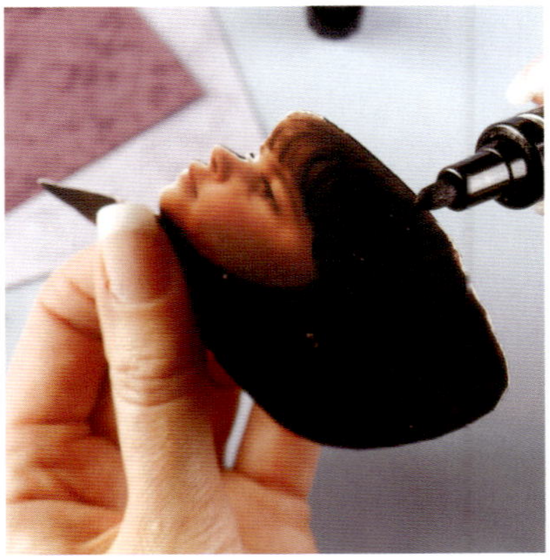

3 Passez le marqueur noir sur le rebord de l'image pour éliminer toute trace de blanc.

4 Retournez le visage afin que le papier noir soit sur le dessus et montez-le avec le bâton de colle sur le support de votre choix. Dans notre exemple, nous avons utilisé deux cartons et les avons garnis avec une bordure argent autocollante.

Banderole découpée

Lorsque vous organisez une fête, des décorations pour la pièce doivent figurer parmi les nombreuses choses sur votre liste. En créant votre propre banderole, vous pouvez l'adapter au thème de la célébration. Nous vous montrons ici comment fabriquer une banderole pour une fête d'Halloween et les variantes proposées comme modèles peuvent convenir pour d'autres occasions.

MATÉRIEL

- modèle de la page 152
- 1 rouleau de papier crêpon orange
- marqueur noir
- ciseaux

1 Déposez le modèle sur l'extrémité du rouleau de papier crêpon et tracez le contour de la citrouille avec le marqueur noir en vous assurant que les deux côtés du modèle touchent aux lignes de pliure du papier.

2 À l'aide des ciseaux, découpez soigneusement toutes les couches en suivant le contour de la forme que vous avez dessinée et en vous assurant de laisser assez de papier non découpé sur les deux côtés pour ne pas que la banderole se défasse.

TRUCS UTILES

- Avant de tracer le modèle, assurez-vous que la largeur correspond aux lignes de pliure du papier crêpon. Si ce n'est pas le cas, agrandissez ou réduisez le modèle ou encore repliez le papier.
- Afin qu'il soit plus facile d'ajouter les détails à l'étape 3, déposez le modèle sur une table lumineuse, puis placez une partie de la banderole à la fois sur le modèle pour décalquer les détails.
- Pour dessiner sur du papier crêpon, il est préférable d'utiliser des traits droits et courts.

3 Dépliez la banderole et ajoutez les détails sur le visage de la citrouille avec le marqueur noir. Répétez les étapes 1 à 3 sur la section suivante de papier crêpon et ainsi de suite jusqu'à ce que la banderole atteigne la longueur désirée.

D'autres décorations peuvent être ajoutées à la banderole en utilisant de la colle brillante.

VARIANTE

Couverture

Un cahier de croquis ordinaire peut être transformé en quelque chose de spécial avec la magie du tressage. Vous pouvez décider de limiter votre choix de couleurs, comme nous l'avons fait ici, ou opter pour toute une palette de couleurs afin d'obtenir un effet multicolore.

MATÉRIEL

- couteau d'artiste
- règle
- tapis de coupe
- crayon
- feuille 30 x 21 cm (12 x 8 1/4 po) de carton pour couvrir le cahier
- feuilles 30 x 21 cm (12 x 8 1/4 po) de papier et de carton de couleurs assorties
- cahier à décorer
- ruban à double face adhésive

1 Découpez un morceau de carton du même format que la couverture avant du cahier que vous avez choisi et mettez-le de côté pour l'étape 2. Découpez des lanières de papier et de carton de diverses largeurs, entre 12 mm (1/2 po) et 2,5 cm (1 po), mais elles doivent toutes mesurer environ 2 cm (3/4 po) de plus que la hauteur du livre.

2

Apposez un morceau de ruban à double face adhésive le long de trois côtés de la base cartonnée : un sur le rebord supérieur et un de chaque côté. Fixez des lanières sur le sens de la longueur du carton en laissant un excédent d'environ 12 mm (1/2 po) aux deux bouts.

VARIANTE

Pour créer des effets différents, par exemple un au-dessus, vous pouvez tresser deux au-dessous, ou encore, au-dessous de deux, au-dessus de deux.

TRUC UTILE

- **Déposez une goutte de colle sous chacune des bandes pour les maintenir en place pendant que vous travaillez.**

3

Lorsque la base cartonnée est recouverte de lanières horizontales, tressez la première bande de papier ou de carton en la croisant tour à tour par-dessus et au-dessous de ces lanières, jusqu'à l'autre côté. Assurez-vous de laisser un surplus dépasser à chaque extrémité et que chaque bande soit droite. (Enlevez le papier protecteur d'un morceau de ruban à double face adhésive et servez-vous-en pour tenir les lanières en place.) Continuez à ajouter des lanières en procédant de la même façon.

4 Lorsque la base cartonnée est recouverte et le tressage terminé, apposez du ruban à double face adhésive le long des quatre côtés de la base, à l'arrière, et repliez les extrémités des lanières pour les maintenir en place.

5 Ajoutez d'autre ruban adhésif sur les rebords extérieurs à l'endos du carton tressé et collez-le sur le devant du cahier pour terminer le projet.

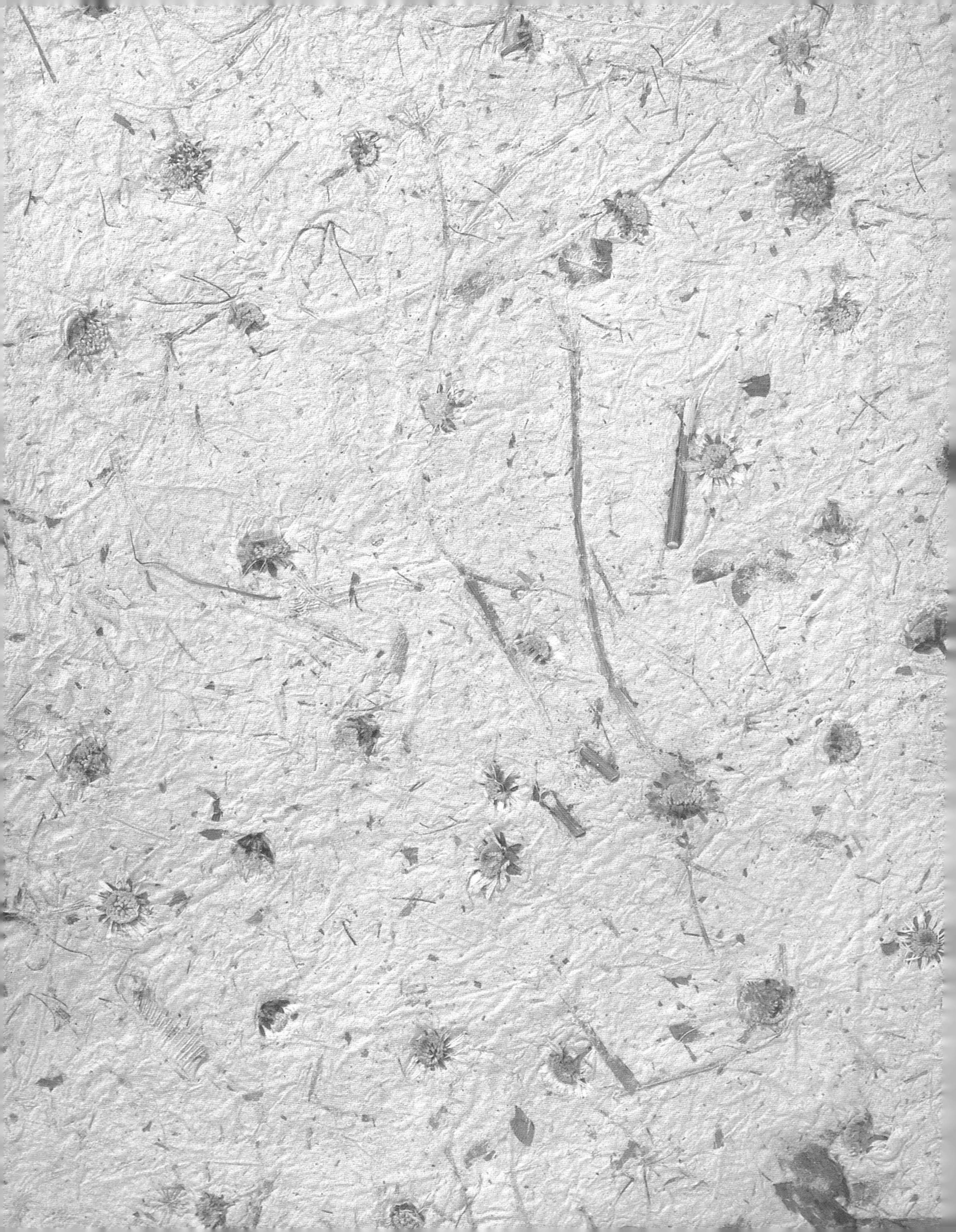

Modèles

Dans ce chapitre, vous trouverez tous les modèles utilisés dans le livre et quelques autres pour vous inspirer. Les numéros de page sont donnés lorsque le dessin fait partie d'un projet particulier ou d'une variante. Photocopiez le modèle de votre choix, agrandissez-le pour l'adapter à votre projet et tracez-le.

Boîte musicale

page 38

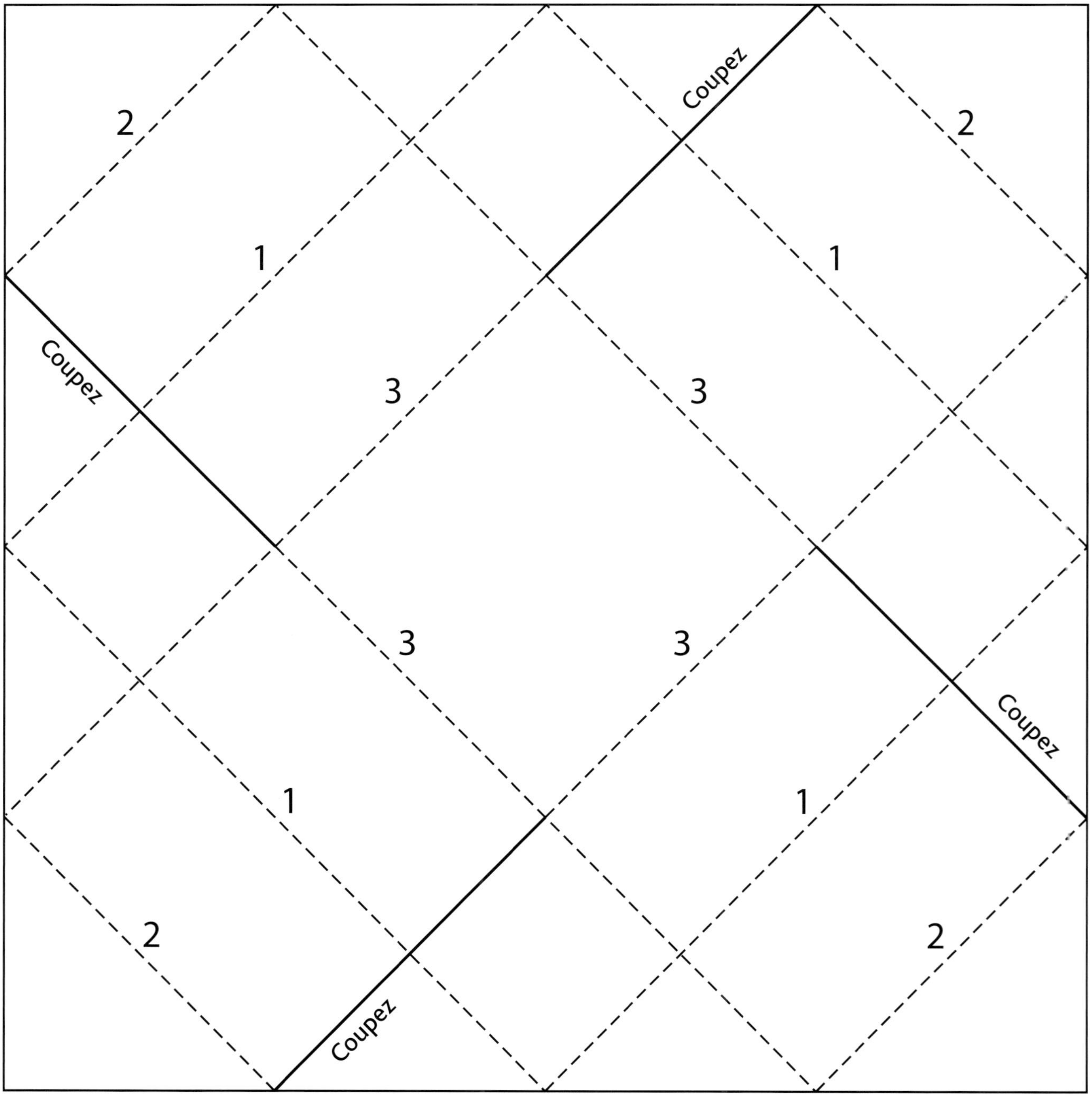

Pliez le long des lignes pointillées en suivant les instructions des pages 38 à 41. Coupez le long des lignes pleines en suivant les instructions des étapes 5 et 6, page 40.

Boîte pour cadeau de mariage
page 50

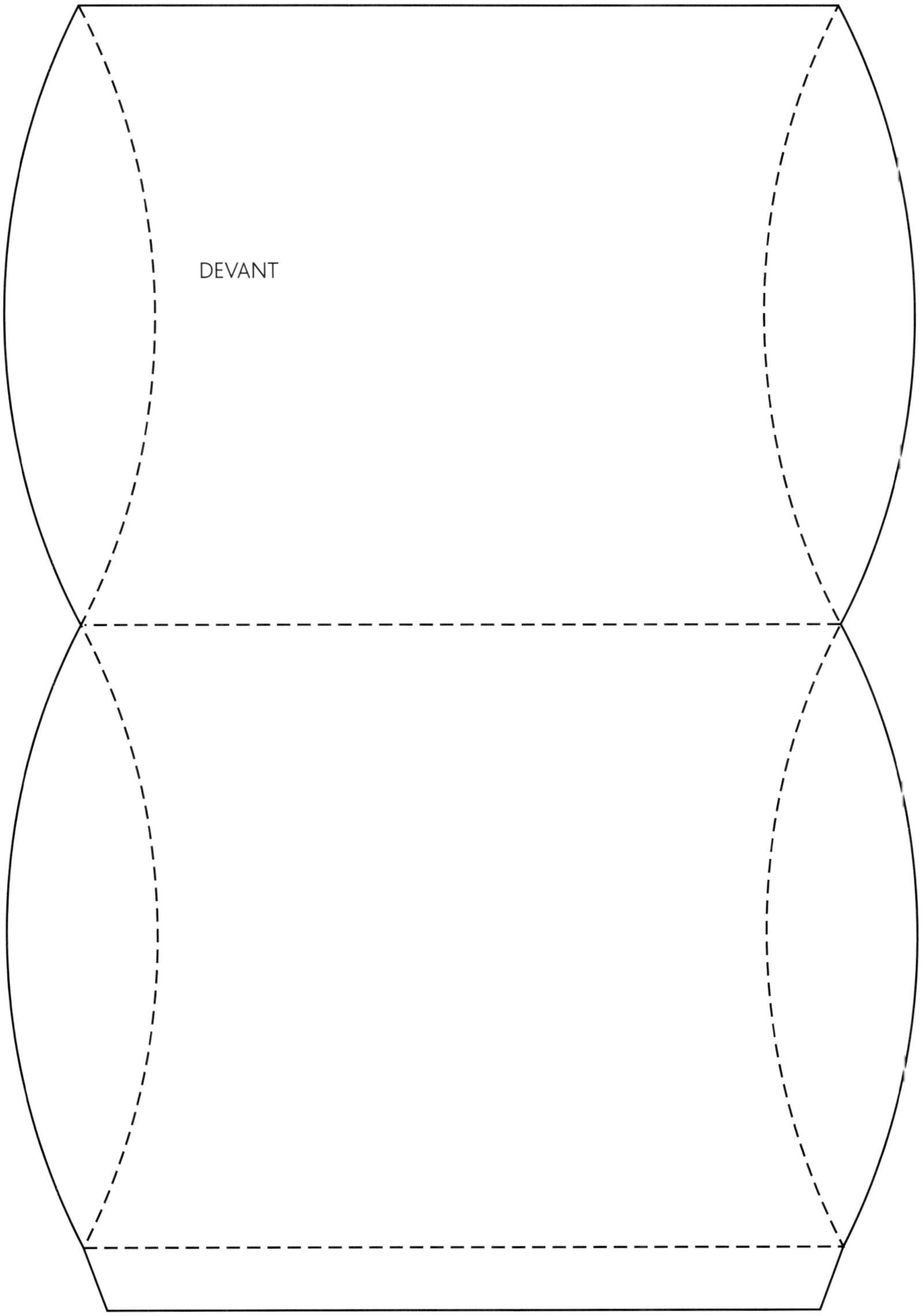

Photocopiez le modèle au format voulu, puis découpez–le et tracez–en le contour pour créer la forme de la boîte. Pliez le long des lignes pointillées en suivant les instructions des pages 50 à 52. Faites un second modèle de la partie avant pour l'étape 2.

Joyeuse Halloween
page 54

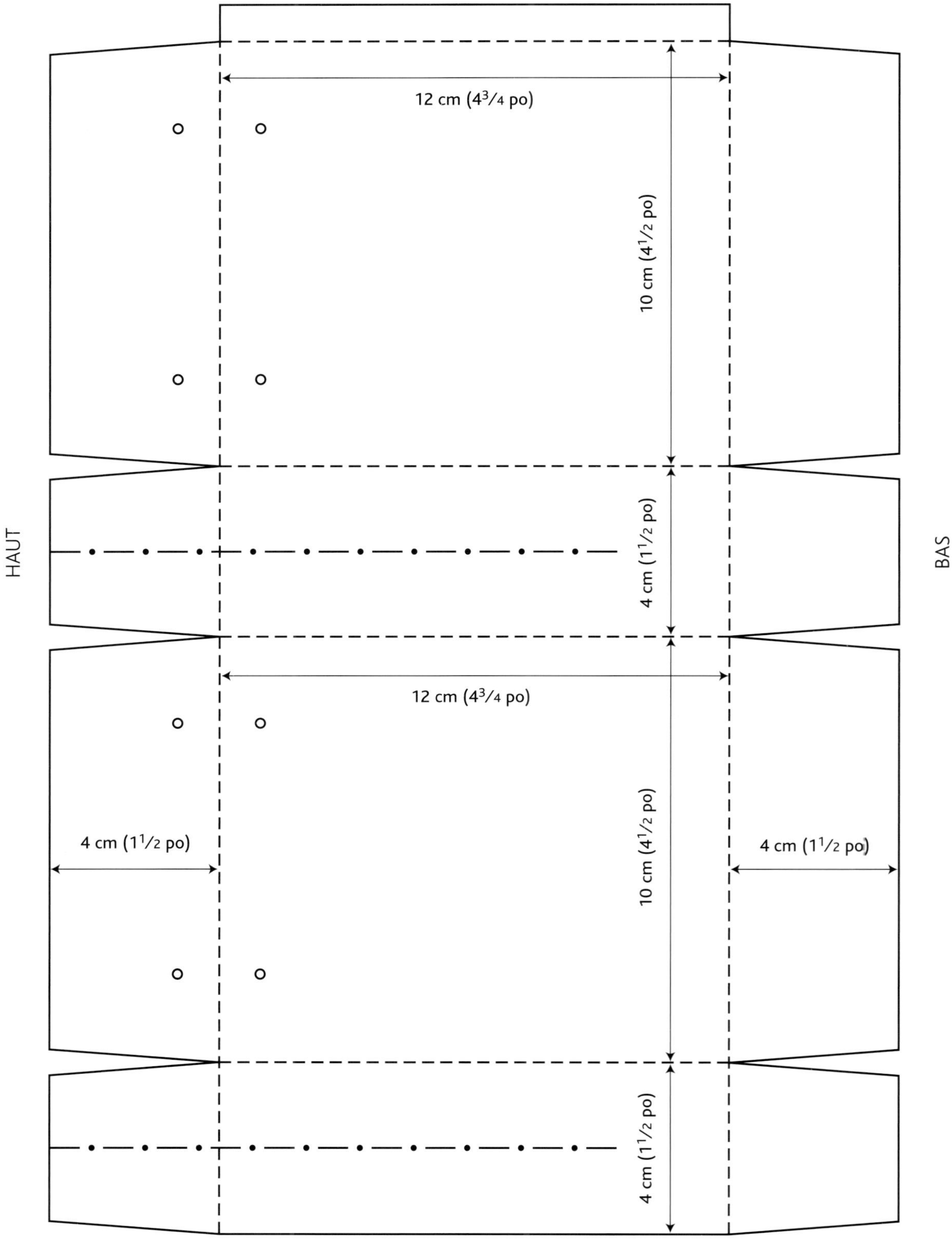

Pliez le long des lignes pointillées en suivant les instructions à la page 56. À l'étape 5, pliez les deux plis latéraux (marqués par des lignes et des points).

La vie en rose

page 58

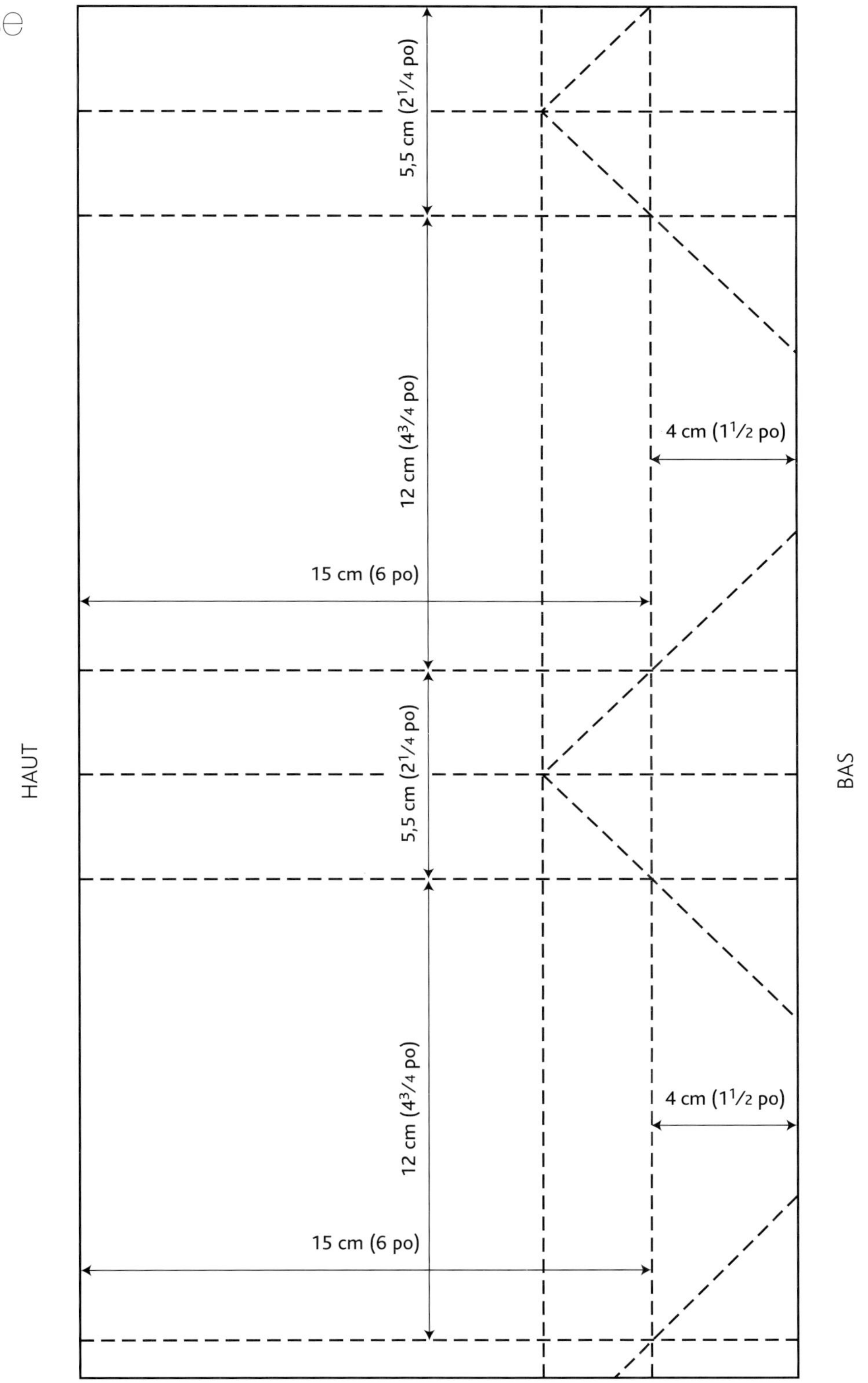

Pliez le long des lignes pointillées en suivant les instructions des pages 60 et 61.

Magie animale et variantes
page 82

Les modèles dessinés avec un trait continu et large (ci–dessous) sont à découper ; ceux qui sont tracés avec un trait léger et irrégulier (à droite) sont à déchirer. Le projet à la page 82 présente le lion, mais libre à vous d'essayer une des variantes proposées.

Photocopiez le modèle de votre choix en l'agrandissant au format voulu. Découpez tous les éléments de la tête puis tracez chacun sur un morceau de papier ou de carton de couleur appropriée. Découpez les parties puis réassemblez–les sur la base de la carte de vœux en vous servant du modèle comme guide.

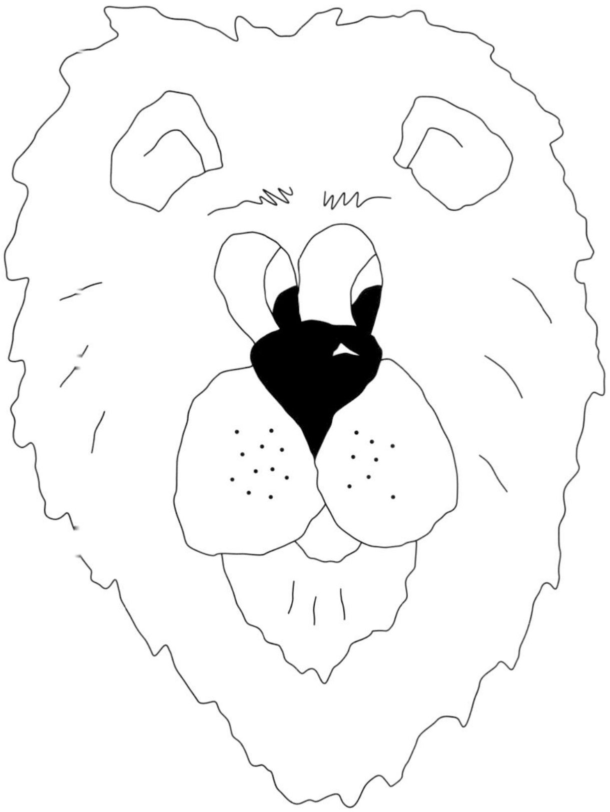

Photocopiez le modèle de votre choix en l'agrandissant au format voulu. Découpez tous les éléments de la tête puis tracez chacun sur un morceau de papier ou de carton de couleur appropriée. Déchirez les morceaux à la main puis réassemblez-les sur la base de la carte de vœux en vous servant du modèle comme guide.

Magie animale et variantes

Photocopiez le modèle de votre choix en l'agrandissant au format voulu. Découpez tous les éléments de la tête, puis tracez chacun sur un morceau de papier ou de carton de couleur appropriée. Découpez les parties puis réassemblez–les sur la base de la carte de vœux en vous servant du modèle comme guide.

Photocopiez le modèle de votre choix en l'agrandissant au format voulu. Découpez tous les éléments de la tête, puis tracez chacun sur un morceau de papier ou de carton de couleur appropriée. Déchirez les morceaux à la main puis réassemblez–les sur la base de la carte de vœux en vous servant du modèle comme guide.

Célébrations et variantes
page 86

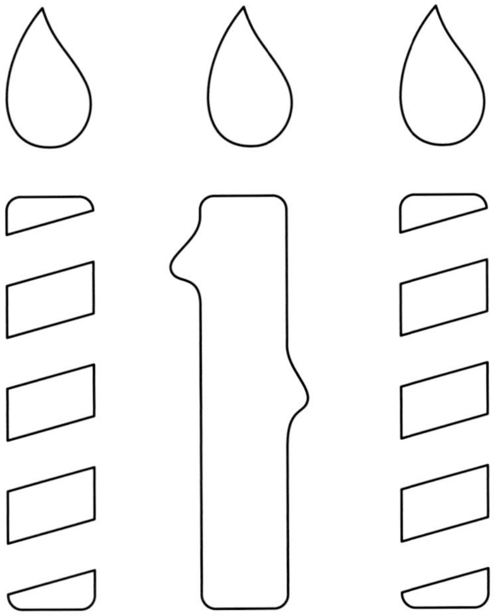

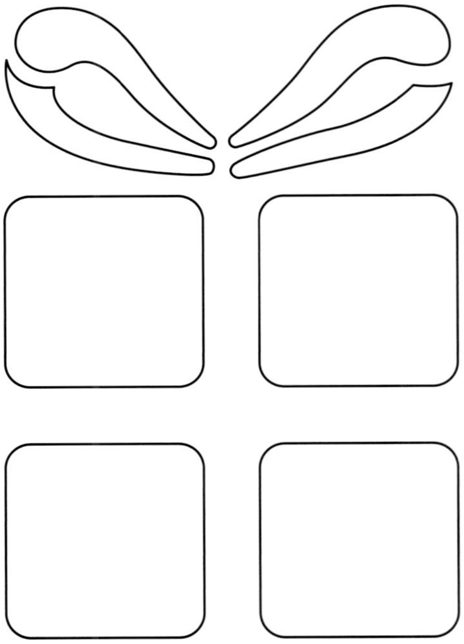

Photocopiez le motif de votre choix, puis transférez–le sur du carton mince. Pour ce faire, utilisez du papier carbone ou tracez la ligne photocopiée avec un crayon gras, puis frottez l'envers de la photocopie avec un crayon pour reporter le motif. Découpez le pochoir avec minutie en utilisant un couteau universel sur un tapis de coupe.

Joyeuse Saint-Valentin et variante

page 92

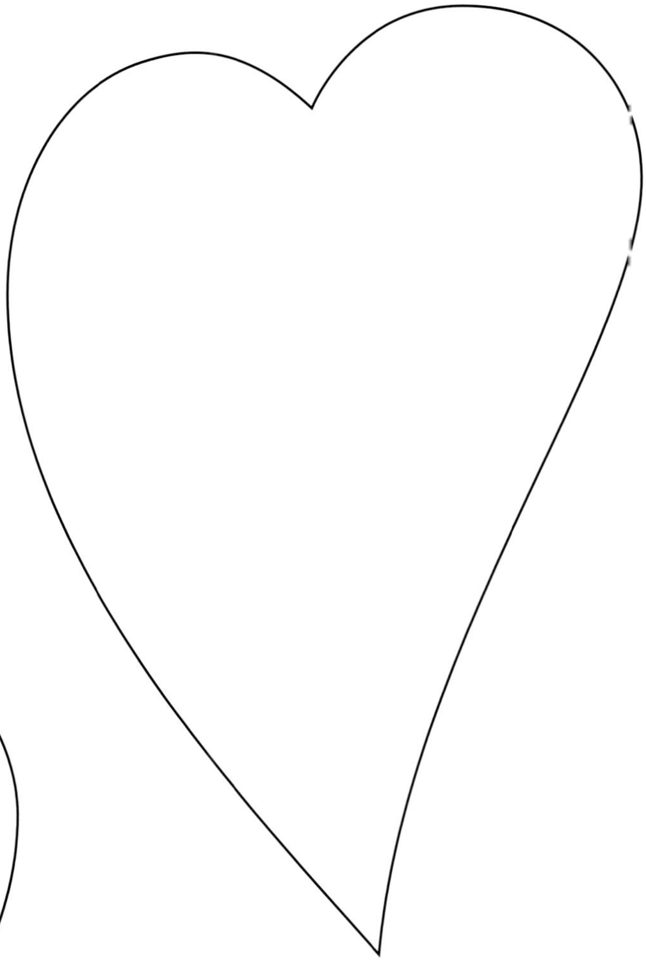

Cadre de fantaisie

page 110

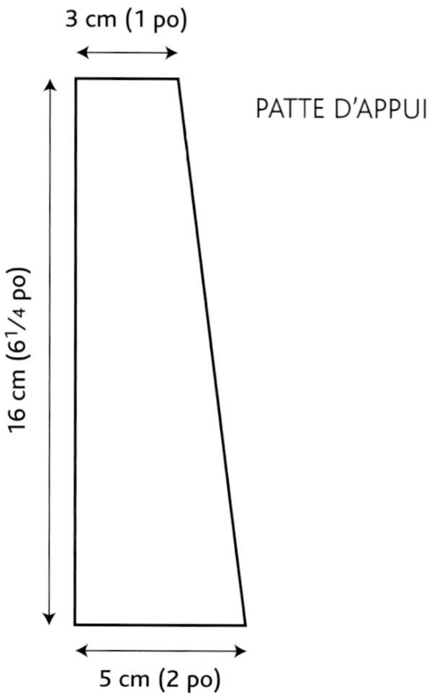

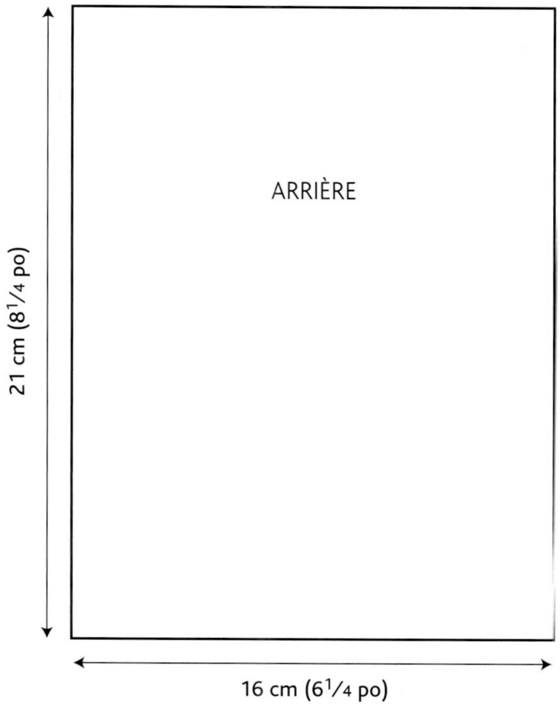

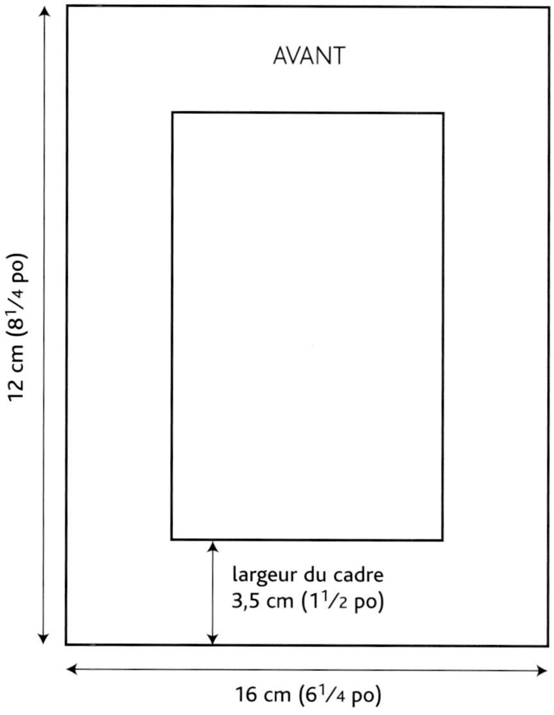

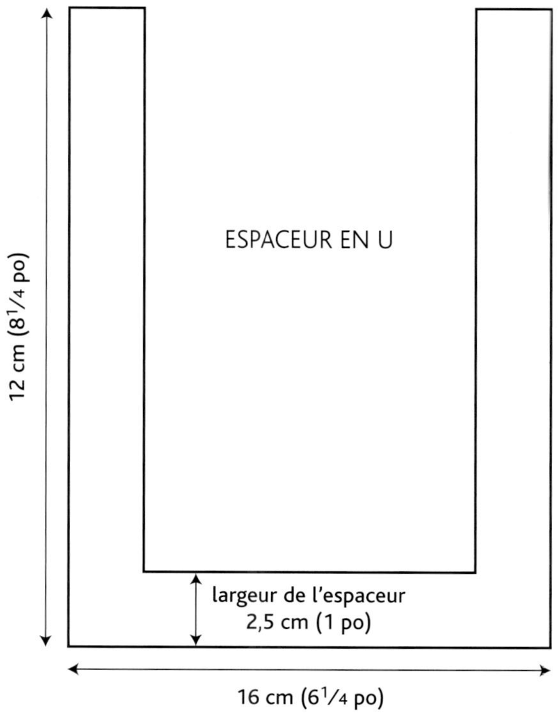

Cadre de fantaisie
Variante

page 113

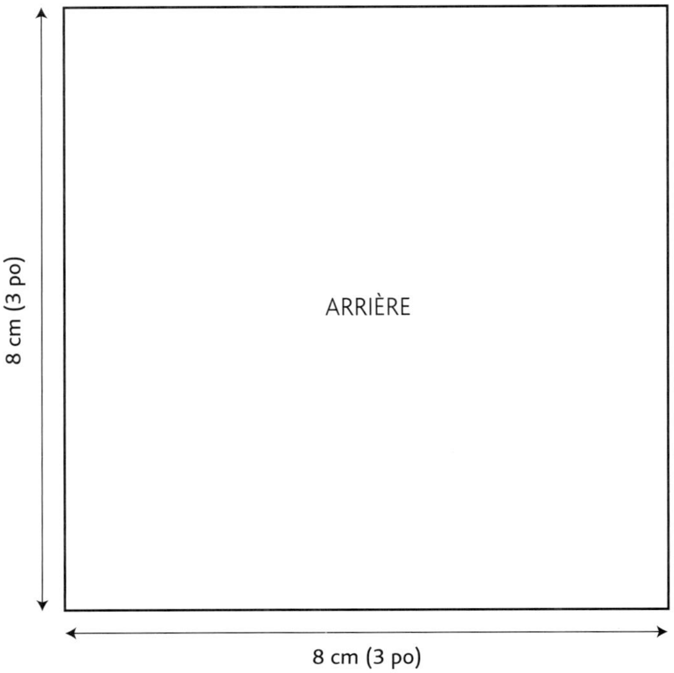

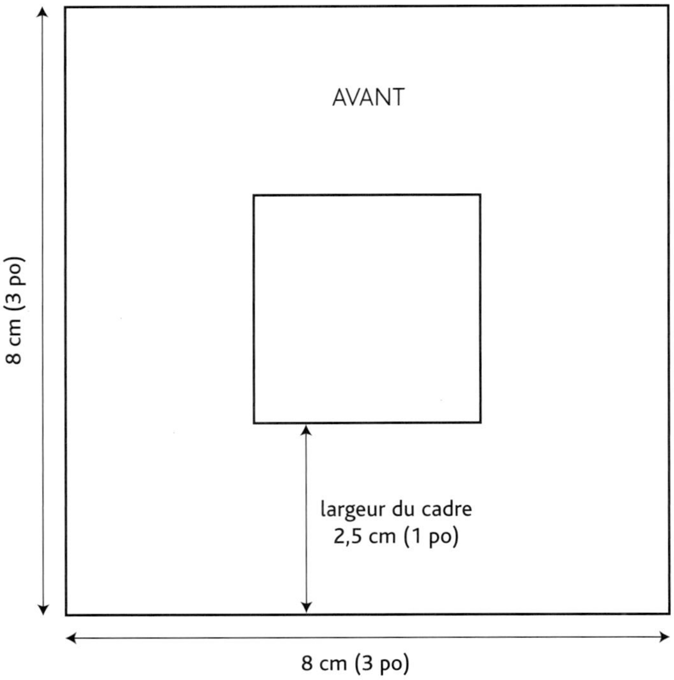

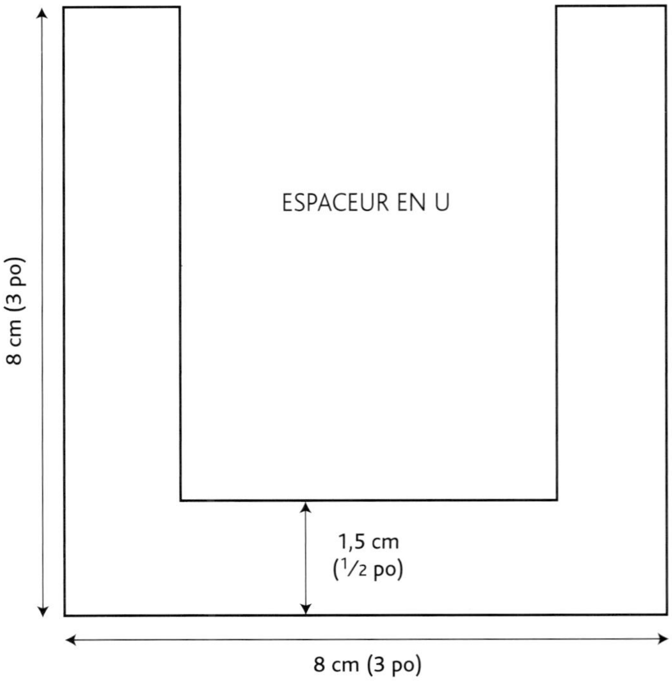

Chemise pour papier à lettres

page 114

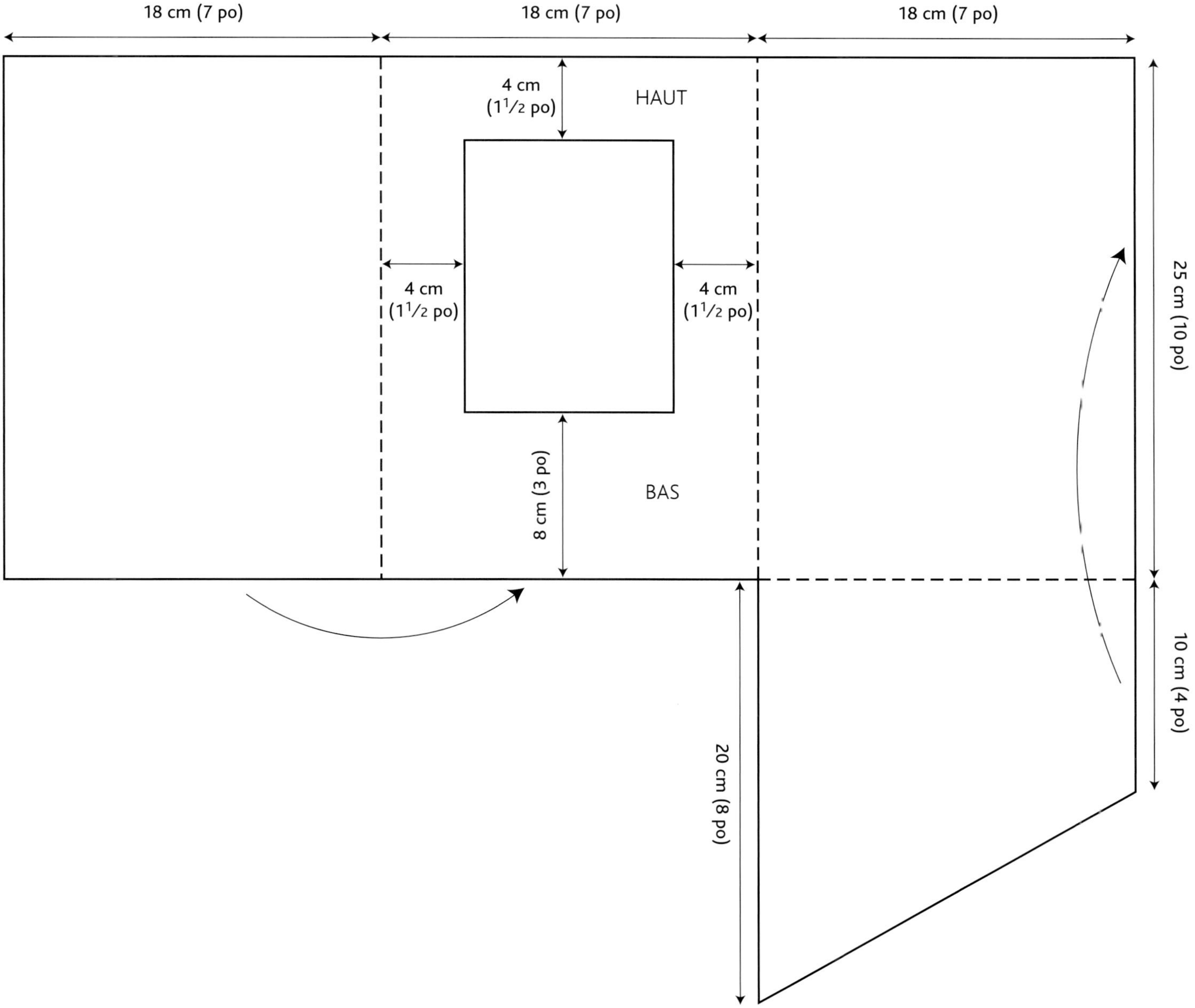

Pliez le long des lignes pointillées en suivant les instructions des pages 116 à 118.

Banderole découpée

page 130

Banderole découpée
Variante
page 131

Banderole découpée
Variantes

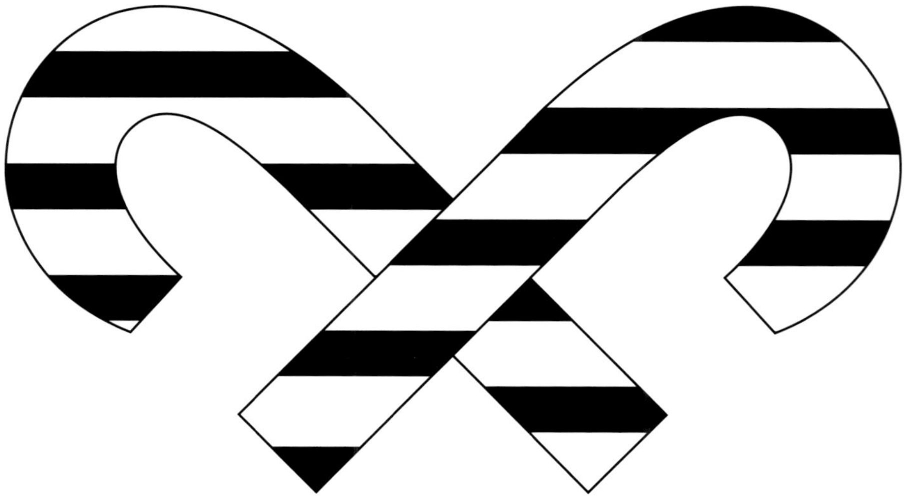

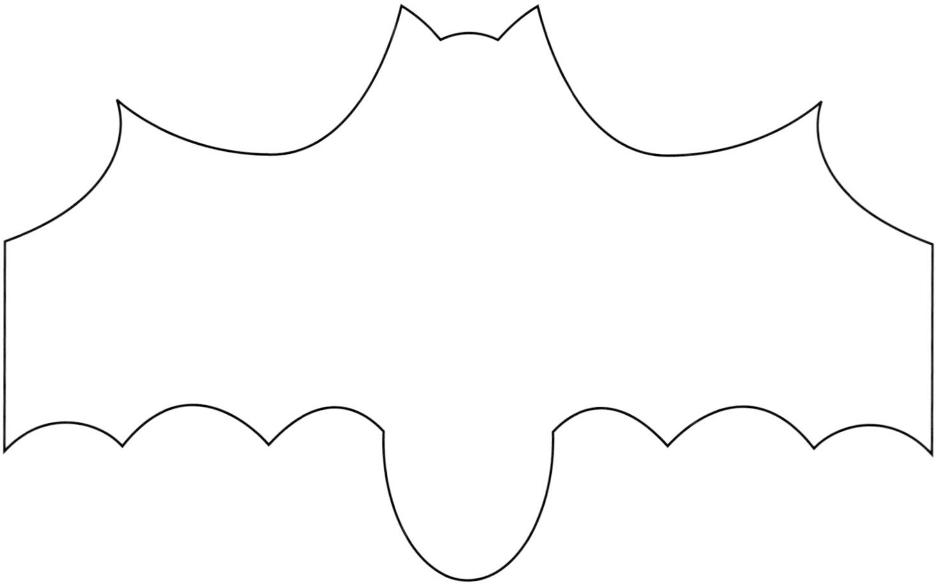

Index

Les numéros de page en italique font référence aux illustrations. Comme plusieurs matériaux et techniques d'artisanat sont utilisés dans le livre, les références servent à diriger le lecteur vers les entrées les plus importantes seulement.

Remerciements

Breslich & Foss Ltd. et Lynne Garner souhaitent remercier les personnes suivantes de l'aide qu'elles ont apportée au cours de la création de ce livre :

Stephen Dew pour les modèles
Kevin Hart pour les illustrations
Helen Huckle pour l'aide à la rédaction
Clare Louise Hunt pour le matériel additionnel
Janet James pour la conception du livre
Janet Ravenscroft pour la gestion du projet
Shona Wood pour les photos